社債市場の未来

企業金融と資産運用の多様化に向けて

corporate bond

大橋俊安
大和総研 理事

東洋経済新報社

はじめに

　2000年代初期から2024年3月末までの二十数年間、筆者は社債市場でクレジットアナリストとして活動してきた。しかし、日本の企業金融は、銀行ローン（間接金融）優位の状況から変わっておらず、社債（直接金融）はまだまだ未成熟で未発達である。一方、資産運用では「貯蓄から投資（資産形成）へ」とお題目のように唱えられて久しいが、未だに実現していない。なお、同お題目では、預金から株式投資への二元論で語られることが殆どだ。

　「社債」は、銀行ローンに偏重した大企業金融の多様化に資すると同時に、1990年代後半に現実化したように、万が一銀行の貸出能力が低下するような際には、それを補うことで金融システムの安定化にも資する。また、「社債」はミドルリスク・ミドルリターンの金融商品で、ローリスク・ローリターンの預金から、ハイリスク・ハイリターンの株式への架け橋として、資産形成の多様化にも資する。

　このように、社債は企業金融と資産運用の双方の多様化に資する調達・金融商品であるにもかかわらず、残念ながら日本では十分に発達・活用できていない。その現状と課題を整理しつつ（第1章、第2章）、日本の社債市場の明るい未来を展望する（第3章以降）のが本書の主目的だ。

　日本の金融政策が緩和一辺倒からようやく脱し、「金利のある世界」に戻ろうとしている今、「社債市場」の未来を展望することは、資金調達主体である日本企業にとっても、資金運用主体である投資家にとっても時宜を得た企画だと確信している。日本の社債市場が、長い間大きく変わらず閉塞感すら感じる時代から脱却し、新しい時代に変わること（筆者は「真の社債時代」の到来と捉えている）、言い換えれば、江戸から明治への維新の時を迎えるにあたり、本書がその一助になれば幸いだ。

　本書は、現在の社債市場に携わっている投資家や発行体は勿論のこと、証券会社や格付会社など社債市場のインフラを担っている主体、更には業界団体や規制当局の方々にも読んでいただきたい。そして各々（投資家／発行体／市場仲介者／金融庁など当局）の立場から見て、社債市場の拡大、活性化に向け取

れる、取るべき「具体的行動」を起こしてもらいたい（いわば「四位一体」となった改革の実行）。それだけではない、「社債」という調達や金融商品に興味・関心を感じていながらも、今までかかわる機会がなかった、あるいはかかわってこなかった投資家や発行体（特に上場企業）の皆様にも是非手に取ってもらいたい。そして社債市場の現状を知り、また、可能性を見出すことで、資金調達・資産運用に社債を「実際に活用」することを考えてもらいたい。

　本書には、大変光栄なことにソフトバンクグループ後藤芳光取締役専務執行役員CFO（最高財務責任者）兼CISO（最高情報セキュリティ責任者）より過分な推薦文をいただいた。この場を借りて「いの一番」に感謝したい。本書の内容は、筆者が大和証券のクレジットアナリストとして、お客様である投資家の皆様にレポート（デイリーレポート「クレジット　ネタの種」）を通して発信してきた内容がもとになっている。まさに本書の「ネタの種」となったのは、大和証券時代のお客様各位との日々の意見交換と、そこから得た知見をもとにした考察である。お一人お一人のお客様のお名前をここで列挙することは叶わないが、この場を借りて感謝したい。

　また、かつての同僚である大和証券金融市場調査部クレジット調査課の方々からのデータ提供など献身的な協力がなければ、本書の執筆は不可能であった。特に国内クレジット担当の各位、松坂貴生氏、藤田和晃氏、日下皓太郎氏、内田大貴氏に感謝したい。

　そして、本書執筆を快く許可いただき陰に陽にご支援いただいた現職場である大和総研の望月篤社長、中曽宏理事長はじめ理事の皆様、そして調査本部長である熊谷亮丸専務取締役・副理事長に感謝したい。加えて、本書の原稿を、辛抱強く丁寧に読んでいただき適切な指摘をしていただいた山﨑加津子金融調査部長ならびに川瀬良美次長には感謝してもしきれない。

　最後に、初めての書籍執筆に四苦八苦する筆者を暖かく見守ってくれた妻貴子、一人娘の咲紀、そして、疲れた筆者をつぶらな瞳で癒してくれた愛犬"ぱんこ"に感謝したい。

　なお、本書の内容及び意見は、すべて筆者個人によるものである。筆者の所属する大和総研、あるいは所属した大和証券の意見を代表するものではないことを申し添えておきたい。

目 次

はじめに　1

第1章
日本の社債市場の現況　9

向かうべき方向と向かっている方向が逆　10
ちっぽけな小池にすぎない社債市場（金融資本市場での位置付け）　10
銀行ローン優勢は変わらず（企業金融での位置付け）　12
機関投資家中心の市場（資産運用での位置付け）　12
"The IG市場"から"シングルA格以上市場"へ（発行体格付けの状況）　14
銀行ローンに劣後する社債（日本の社債の商品性）　16
過去の公募社債デフォルト（債務不履行）事例　19
民事再生手続き～社債権者の立場から　20
　コラム　旧日本航空債のデフォルト事例からの教訓　23
　コラム　どちらが破綻会社？　25
信用悪化時の社債の行方　26
金融緩和と社債市場　29
　コラム　旧東京電力債リサーチに思いをはせる　33
　コラム　電力債に付く一般担保権は、万が一の際のお守りのようなもの　34
金融緩和終了後の社債投資は"Back to Basics"　36
金利上昇とクレジットスプレッド　37
信用改善サイクルから株価上昇サイクルへの転換の胎動　39
日銀社債買入れ施策と社債市場　44

第2章
日本の社債市場の課題と対応 ……… 49

社債市場の活性化は古くて新しい問題　50
一方で改革の方向性は明確　51
　コラム　とことん付き合う銀行、傍観者の社債市場（東芝事例より）　54
過去の取り組み（グローバル金融危機後の日証協社債懇）　55
社債の発行条件決定プロセスの見直し　59
末席に加えてもらえた「社債市場の活性化」　61
日証協での検討が再スタート　62
コベナンツ（財務制限条項）の問題　63
社債発行企業の非公開化と社債　65
　コラム　銀行ローンのコベナンツ開示制度　69
社債管理の問題（社債管理補助者をスタンダードに）　71
投資家は社債管理補助者制度の活用を要望～アンケート結果より　74
　コラム　東芝事例から見る丸裸のFA債（社債管理者不設置債）　79
社債市場変革に向け一石を投じる案件～ JIA債　81
信用格付けの有効活用に向けた課題　83
① 格付けは期間の概念が乏しい　84
② カバレッジ差が存在する　86
③ 符号が同じならどの格付け会社もリスクは同じ？　89
④ 格付けには動的特長（格上げ／格下げ）がある　92
社債運用規定に「？」のケースも　92
「信用の目利き」が格付けを妄信することなかれ　94
格付けに依存して良い時に依存せず、依存すべきでない時に依存する　95
信用力評価手法を学ぶのも格付けの活用法の一つ　97
　コラム　ムーディーズ（MDY）はソフトバンクグループの勝手格付けを取り下げるべき　98

第3章
日本の社債市場拡大に向けた5つの方向性 ……… 101

日本の社債市場の現状、課題と対応を踏まえて　102
5つの方向性（原動力）　102
各方向性は独立してではなく相互に作用　104

第4章
ESG化の方向性 ……… 107

サステナブルファイナンスと社債　108
順調に拡大するESG債　109
日本が先導するトランジションボンド　109
トランジションボンド拡大に向けて（フォローアップ）　114
トランジションボンド拡大のハードル（ファイナンスド・エミッション）　115
ESG債のグリーニアム　117
クライメート・トランジション・ボンド（CT国債）　119
日銀気候変動対応オペ　121
　コラム　中央銀行（FRB/ECB/BOJ）の気候変動対応はまちまち　124
ESG債投資に税制優遇を要望（日本証券業協会）　125

第5章
メザニン化の方向性 ……… 127

メザニン社債とは　128
メザニン社債発展の歴史　129
銀行発行のメザニン社債（AT1債／Tier2債）　131

| コラム | クレディ・スイス 幻の破綻処理からの教訓　138

日本の銀行の破綻処理制度　140

日本のTier2債／TLAC債（日本の常識は世界の非常識）　144

| コラム | 日本振興銀行事例から見る劣後債の回収率　145

保険会社のメザニン社債（劣後債）は魅力的なクレジット商品　147

| コラム | 保険会社の経済価値ベースのソルベンシー規制（ESR規制）　149

事業会社のメザニン債（ハイブリッド証券／劣後債）　152

3つの異なるリキャップ（負債／資本構成の調整）手法　154

事業会社のハイブリッド証券は発行体、投資家にとって"Win-Win"となり得る　155

事業会社のハイブリッド証券のノン・コールリスク　158

資本性証券のコールの蓋然性（事業会社VS金融機関）　162

シンプルな劣後債の発行も要検討　165

| コラム | 謎の数字100bp 〜ハイブリッド証券のステップアップ金利幅　168

資本と負債の境界線は曖昧（会計上／格付け上／規制上の「資本」が存在）　170

| コラム | 社債型種類株（パイの奪い合いではなく拡大を）　172

ESG化とメザニン化の相乗効果も　174

| コラム | 事業会社ハイブリッド証券のリスクウェイト　176

第6章
信用拡大化の方向性　179

なかなか起きない信用拡大化　180

リーマンショック後のトラウマを乗り越えて　181

IG/HY債の境界線再考〜格付け符号のみならず年限を加味して　182

「シングルA格以上信仰」を払拭しよう　184

格付けの呪縛から解き放たれよう!!　186

アイフル債に続け（日本初の公募HY債）　187

米国のHY債市場発展の経緯も見習って　189

USEN-NEXT HOLDINGSに続け（社債活用の理想的事例）　190

SIC戦略（短いデュレーション＆国内クレジットで利回りを）　192

上場企業には社債を発行してもらいたい　192
ESG債発行を契機にBBB格銘柄が社債デビュー　194
BBB格銘柄増は地域金融機関にとってプラス　194
　コラム　スタートアップ企業の社債発行を促進？　196
　コラム　国の財務書類はクレジット分析の教科書　197

第7章 デジタル化の方向性 …… 201

社債市場にパラダイムシフトを起こす可能性　202
セキュリティトークン社債（ST社債）　202
大和証券グループの取り組み　203
ST社債発行に向けた実証実験　203
ST公募社債の発行　205
発行プラットフォームの開発に向けて　206
丸井グループによる「デジタル社債」の継続発行　206
日立製作所によるベンチマークサイズのST社債　207
フィンテック化で社債もパラダイムシフトの可能性も　209

第8章 リテール化の方向性 …… 211

大きなポテンシャルを秘めたリテール社債市場　212
社債を「貯蓄から投資へ」の架け橋に　212
「貯蓄から社債へ」は決して難しくない　214
社債を含め債券運用の見直しを〜「定期預金」VS「債券運用」　215
ソフトバンクグループはリテール向け社債活用のフロントランナー　216
メガFGによる個人向けTier2債の発行はリテール市場開拓の好例　219
リスク許容度の高いリテール投資家の参入は流通市場活性化のカタリスト　221

第9章
日本の社債市場のあるべき姿に向けて ……… 223

なんとか現状を打破したい　224

社債市場の拡大・活性化は、決して無理なことではない　225

社債市場のパラダイムシフトを期待〜真の社債時代へ　225

社債銘柄選択のパラダイムシフトも必要かもしれない　226

日本企業の新陳代謝を促進するためにも社債市場の発展を　228

社債市場の流動性について　229

社債レポ市場の整備に向けて　231

コラム　流動性VS原資産リスクの理解　234

コラム　東京プロボンド市場　235

参考文献　238

索引　241

第1章

日本の社債市場の現況

向かうべき方向と向かっている方向が逆

　多くの日本企業が市場で社債を発行して資金調達を行う、換言すれば、投資家に「様々なリスク・リターンを提供する」、そして、発行された社債が活発に売買される「売買が活発な厚みのある市場」こそが、日本の社債市場が向かうべき方向だ。

　しかし、現実の社債市場は、残念ながら、それとは逆の方向に向かっている。この日本の社債市場の向かうベクトルを変える方策を探ることが本書の一義的な目的だ。

　かつて筆者は、日本の社債市場を"The IG[1] 市場"と呼んだ。しかし、今では"シングルA格以上市場"に成り下がり、投資家が取れるリスクの幅は広がるどころか、むしろ狭まってしまっている。よって、日本の社債市場の現実は、様々なリスク・リターンを提供する市場とは程遠い。その拡大が期待されて久しいリスクの比較的高いHY債[2]市場も、残念ながら全くと言ってよいほど育っていない。

　また、日本の社債市場はちっぽけで、かつ、投資家は資産運用会社や預金取扱い機関など機関投資家が中心だ。いわゆる個人投資家向けのリテール社債市場は、まだまだ未成熟だ。加えて、バイ・アンド・ホールド（いわゆる、持ち切り）の投資家が多いため、流通市場での売買も決して活発とはいえない。よって、日本の社債市場は、厚みのある市場からも程遠いのが現実だ。

ちっぽけな小池にすぎない社債市場（金融資本市場での位置付け）

　筆者は、日本の社債市場を「小池のようなちっぽけな市場」と呼んでいる。金融資本市場の代表として、株式市場、債券市場がある訳だが、国内株式時価総額が1007兆円、日本国債の発行残高が1136兆円にも上るのに対し、社債の発行残高は、二桁も桁が小さい、わずか91兆円にすぎないのが現実だ（いずれも2024年3月末）。

1　Investment Grade：投資適格級のことでトリプルB格以上の社債を指す。
2　High Yield債：投機的等級とも呼ばれ、ダブルB格以下の社債を指す。

図表1-1 日本の社債の発行残高と平均残存年限

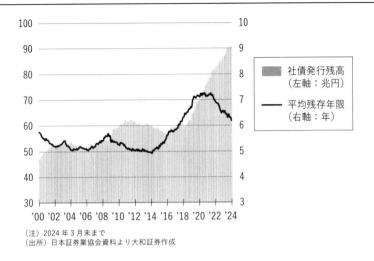

(注) 2024年3月末まで
(出所) 日本証券業協会資料より大和証券作成

　企業金融という視点で見たときに、エクイティ市場（資本市場）である株式市場が1000兆円越えに対し、デット市場（負債市場）である社債市場がその1/10にも満たないのはさみしい限りだ。また、債券市場という視点で見ても、一発行体である国の債券（国債）発行残高が1000兆円越えしているのに対し、数多くの民間企業の資金調達市場である社債市場の発行残高がその1/10にも満たないのはこれまたさみしい限りだ。

　そんな「小池」にすぎない社債市場ではあるが、それでもその残高は、長く続いてきた金融緩和の時代の間、特にマイナス金利政策下で増加しており、2000年の50兆円に満たない残高規模からすれば、約2倍近くまで増加している（図表1-1参照）。社債の特徴である長期・固定金利の資金調達を、超低利環境下で企業が活発に行い、一方の投資家も、利回り確保に社債への投資を活発化させたためである。

　このように、規模が拡大したとはいえまだ「小池」にすぎない日本の社債市場を、せめて「湖」と呼べるまでに（少なくとも現在の数倍規模）、そして、願わくば、更に少しでも大きくするのが筆者の夢であり、願いである。

図表1-2 大企業の企業金融（負債）の構成

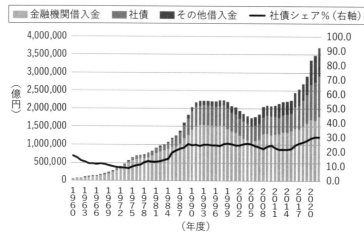

（出所）財務省「法人企業統計調査」より大和総研作成

銀行ローン優勢は変わらず（企業金融での位置付け）

　日本の社債市場がちっぽけな「小池」にすぎない背景には、日本の大企業金融（ここでは、負債調達のことを指す）が、まだまだ銀行などを介した間接金融（＝銀行ローン）中心であることが影響している。

　近年その比率がやや増加こそしているものの、市場を介した直接金融（つまり、社債発行）での大企業の負債調達シェア（残高ベース）は、まだ全体の3割程度にすぎないのが現実だ（図表1-2参照）。

　市場を通して資本を調達し、株式を上場している企業（上場企業）が3900社余りに上るのに対して、市場を通して公募社債を発行し資金調達している企業の数は、その1割程度の400～500社にすぎない。社債を発行して負債調達を行う上場企業が少しでも増えることを期待したい。

機関投資家中心の市場（資産運用での位置付け）

　日本の社債市場は、資産運用会社（アセットマネジメント会社）や、銀行な

図表1-3 社債の発行額

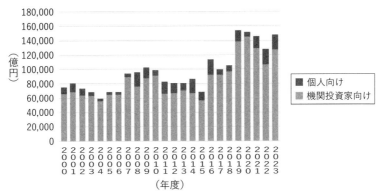

(出所) 大和証券調べ

図表1-4 機関投資家向け、個人向け社債のシェアの推移

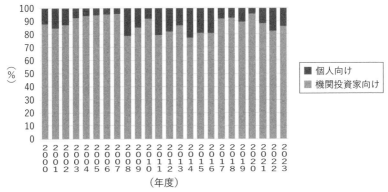

(出所) 大和証券調べ

ど預金取扱い機関といった機関投資家中心の市場である。個人向けに発行される社債の額は、機関投資家向けに発行された社債に比し少額にすぎない（図表1-3参照）。

2023年度では、機関投資家向けの社債が12兆7000億円発行されたのに対して、個人向け社債は2兆円程度。個人向け社債のシェアは、全体の14％にすぎないのが現実だ（図表1-4参照）。

この傾向は、年度により多少のばらつきこそあるものの、長年にわたり大き

くは変わっていない。個人金融資産は2000兆円を超えるまでに膨らんでいる。個人をターゲットとしたリテール向け社債の拡大ポテンシャルは、きわめて大きいといえよう。

"The IG市場"から"シングルA格以上市場"へ（発行体格付けの状況）

日本の社債市場では、発行体の高格付け化が着実に進行中だ。ただでさえ少ないトリプルB格（BBB格）以下の銘柄が、更に少なくなる傾向にある。

主要日系格付け会社2社（格付投資情報センター：R&I／日本格付研究所：JCR）の格付け動向を見ると、ここ10年来、格下げ数を格上げ数が上回る「格上げ超」状況が続いていることが分かる（図表1-5、1-6参照）。言い換えれば、社債発行企業の信用ファンダメンタルズはきわめて良好で、信用改善サイクル（増益⇒資本蓄積⇒レバレッジ低下・格付け上昇⇒）が回り続けていることが確認できる。

近年は、符号が「B」から「A」に変わる、つまり、トリプルBプラス「BBB＋」からシングルAマイナス「A－」への格上げも多い。2022年だけでも、シングルA格入りした銘柄は、R&I格付けで14社、JCR格付けでも12社に上る。2023年も同様の傾向が続いており、シングルA格入りした銘柄は、R&I格付けで2社、JCRでは7社に上る。その結果、"両足（JCR/R&I）シングルA格"[3]の仲間入りを果たす銘柄も増えており[4]、2022年は商船三井、双日、兼松の3社が加わり、2023年には、朝日生命も"両足（JCR/R&I）シングルA格"入りを果たしている。

こうした多くの格上げにより、社債市場に占めるトリプルB格以下の比率は減少の一途をたどっており、2023年度末にはとうとう1％を切る水準まで低下している（図表1-7参照）。今から15年以上前、グローバル金融危機発生前のトリプルB格以下の比率は8％弱あったので（図表1-8参照）、シェア低下は著しい。上述したように、その間の日本の社債市場の規模が拡大しているにも

---

[3] R&I格付もJCR格付もシングルA格以上の銘柄を指す。
[4] 2021年8月の東電グループから数えると、オリエントコーポレーション、アコム、大王製紙、日本郵船、阪和興業など。

図表 1-5　R&I の格付け動向（国内信用格付け）（年）

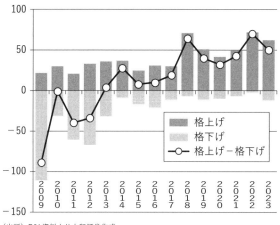

（出所）R&I 資料より大和証券作成

図表 1-6　JCR の格付け動向（居住者長期格付け）（年）

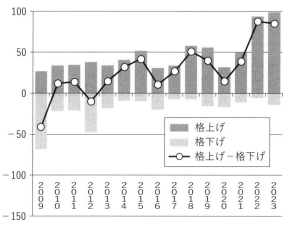

（出所）JCR 資料より大和証券作成

図表1-7 日本の社債市場の格付け別シェア（2023年度末）　　図表1-8 日本の社債市場の格付け別シェア（2006年6月末）

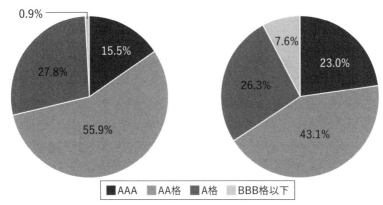

(注) 格付けは複数格付けの高い方
(出所) ダイワ・ボンド・インデックス資料より大和証券作成

かかわらずだ。日本の社債市場は"The IG市場"（＝トリプルB格以上の市場）と言ってきたが、それどころではない。いよいよ"シングルA格以上の市場"と言うべき程に高格付け銘柄で溢れかえるありさまだ。

　大幅な格上げ超状態が続き高格付け銘柄に偏る国内社債市場の裾野拡大のためには、今まで社債市場を活用してこなかった新規銘柄を社債市場に呼び込み、トリプルB格の厚みを増すことが急務である。

銀行ローンに劣後する社債（日本の社債の商品性）

　社債はシニア無担保債務として発行されるのが一般的で（注：劣後債発行増でそうも言い切れなくなってきているが）、同じくシニア無担保債務の銀行ローンとは本来パリパス（同順位）であってしかるべきと考える。

　ところが、もう稀ではなくなった公募社債のデフォルト（債務不履行）事例や、信用力低下時の大きな価格下落特性が示すように、社債は商品の構造上、同順位であるはずの銀行ローンに実際は劣後する傾向が強く、ファット・テイル状態に陥っているというのが筆者の考えであり、また投資家を含め多くの社

図表1-9 ファット・テイルに陥った社債

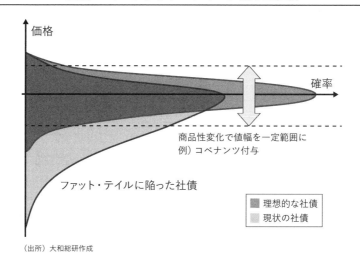

(出所)大和総研作成

債市場関係者の偽らざる感覚だろう(図表1-9参照)。

　日本の社債のデフォルト時損失率(LGD[5])は90%程度と高率だ(言いかえれば、デフォルト社債の元本回収率は10%程度と低率)。まだ数こそそう多くはないが、デフォルト事例を重ねることで、デフォルト社債の期待LGDは固まってきている(図表1-10参照)。

　日本で社債のLGDが高率となる要因は、幾つも考えられる。まず、そもそも経営者が法的破綻をぎりぎりまで避ける傾向があることから、破綻時のバランスシート(B/S)の毀損が大きくなりがちである。また、社債の負債内での地位が一般的にローンに劣ることも指摘できる。社債間同順位の担保提供制限条項(ネガティブ・プレッジ)程度しかコベナンツ(財務制限条項)が付いていないために、破綻に至るまでに、銀行ローンの保全が進んでしまう。つまり、銀行ローンに担保提供がされても、社債権者はそれを阻止すること、また社債に同様の担保提供を求めることができない。社債管理者不在のFA債(FA[財務代理人[6]]のみが置かれて発行される社債)が殆どで、発行企業の財務モニタリング、

5　Loss Given Default.
6　Fiscal Agency：社債の元利払いの事務手続きを発行体に代わり代行する。

図表1-10　国内公募普通社債のデフォルト事例

デフォルト時期	企業名	適用法制	社債管理会社	残存額（億円）	弁済率
1998年12月	日本国土開発	会社更生	あり	500	10%（19年間分割弁済） 6%（一括弁済）
2001年9月	マイカル	会社更正	あり	2430	30%（リテール債） 10.2%（ホールセール債）
			なし（FA債）	1000	保有金額に応じて決定 5%＋500万円（～20億円） 4%＋2500万円（～100億円） など
2008年6月24日	スルガコーポレーション	民事再生	なし（FA債）	210	54.2%
2008年7月18日	ゼファー	民事再生	なし（FA債）	200	14.70%
2008年8月13日	アーバンコーポレーション	民事再生	なし（FA債）	200	15%程度
2008年10月9日	ニューシティ・レジデンス投資法人	民事再生	なし（FA債）	170	100%
2009年2月5日	日本綜合地所	会社更生	なし（FA債）	100	4.0%：1～10億円 2.8%：10億円超
2009年3月10日	パシフィックホールディングス	会社更生	なし（FA債）	370	5.78%
2009年5月29日	ジョイント・コーポレーション	会社更生	なし（FA債）	150	7%
2009年6月26日	日本エスコン	事業再生ADR	なし（FA債）	80	15%または、約3.5年後より4年間で分割返済
2010年1月19日	日本航空	会社更生	なし（FA債）	470	12.5%
2010年2月18日	ウィルコム	会社更生	なし（FA債）	350	13.3%
2010年9月28日	武富士	会社更生	なし（FA債）	926	3.3%
2012年2月27日	エルピーダメモリ	会社更生	なし（FA債）	450	17.4%
2017年6月26日	タカタ	民事再生	なし（FA債）	300	1%
2023年4月26日	ユニゾホールディングス	民事再生	なし（FA債）	610	20%

(出所) 各種資料より大和総研作成

及びデフォルト時の債権保全・回収機能に課題があることも指摘できる。銀行ローンが担保を取るなど保全措置を進めていっても、社債権者は指をくわえて見ているほかないのが実情だ。一旦発行体に5年、10年と期限の利益を与えてしまった社債投資家は、自ら売却すること以外、社債権者として殆どなすすべがない。更には、旧日本航空（JAL）債のデフォルト事例で見られたように、事

業継続の必要性から（JALの場合は安全運行も理由に）営業債権が保護されたため、社債など金融債権が割りを食うこともLGDを高くする要因の一つである。

クレジットアナリストとして活動していた際に海外投資家から、「日本の公募普通社債のデフォルト時の期待回収率はなぜ10％程度と低率なのか」とよく質問された。日本の公募社債の期待回収率が国際的に標準的と考えられる30％台（＝LGDは70％程度）となる日は来るのだろうか？

それには、ファット・テイルに陥りがちな社債の商品性改善を通して、社債を銀行ローンとできるだけパリパス化していくことが必要だ。

過去の公募社債デフォルト（債務不履行）事例

不動産やホテル事業を手掛けるユニゾホールディングスは2023年4月26日、東京地裁に民事再生法の適用を申請して経営破綻し、残存公募社債（発行額ベースで610億円）はデフォルト（債務不履行）した。それから約6年前の2017年6月26日、エアバッグなど自動車部品メーカーであるタカタは東京地裁に民事再生法の適用を申請し経営破綻し、残存公募社債計300億円はデフォルトした。これらが公募社債の最近のデフォルト事例となる。

上記2事例を含め、筆者の知る限り日本での公募社債のデフォルト事例は1990年代以降、わずか16例のみである（前掲図表1－10参照）。「社債発行企業は潰れない（倒産しない）」、「社債はデフォルトしない（債務不履行にはならない）」という神話こそ過去のものといえる一方で、公募社債のデフォルト事例は少ないのもまた事実である。

日本での公募社債のデフォルト事例は、グローバル金融危機後の景気後退期に集中した。また、デフォルト銘柄の業種は、新興系不動産会社に集中していたことも特徴だ。2008年から2010年の間に全16例中11例の公募普通社債のデフォルト事例が発生し、また、その殆どが新興系不動産会社で占められた（図表1－10参照）。

当時の日本の新興系不動産会社のデフォルト事例頻発の背景を見ると、中国恒大集団など現在進行形の中国の一部不動産開発会社の苦境とほぼ同じ構図である。「歴史は繰り返す」いや、「歴史は韻を踏む」とはよく言ったものだ。

2005 ～ 2008 年度の不動産市場の好況と緩和的金融環境を背景に、安易に有利子負債を用いたバランスシート（B/S）拡大が行われた後、市況反転で流動性を失った開発用不動産を短期負債でファイナンスした ALM（資産・負債管理）ミスマッチが露呈した。また、こうした安易なビジネスモデルを抑制するべきガバナンスが、創業者トップが多い新興系不動産会社では効かなかったことがデフォルト頻発の背景だ。更には、こうした銘柄の多くの起債時格付けが JCR で「BBB －」と IG（投資適格級）ギリギリであったことが示すように、利回りの高い銘柄への強い需要を背景に、こうした銘柄を「安易に」社債市場に招いた当時のクレジット市場環境も背景として指摘できる（もっとも、「安易に」とは、今だから言えることではあるが）。

　言うまでもなく、過去のデフォルト事例を知ることは、将来デフォルト事例に巻き込まれることを避けることにつながり得る。公的支援が入ることを過信した旧日本航空やエルピーダメモリの事例、過払い返還請求や、エアバッグに係るリコール費用債務といった偶発債務が会社を破綻に追い込んだ武富士、タカタの事例など、しっかり学んでおきたいものである。

民事再生手続き～社債権者の立場から

　社債権者の代表となる社債管理者がいない FA 債のデフォルトに直面すると、社債権者は社債元本の回収を行うまで、様々な手続きを自ら行う必要がある。民事再生手続きを例にとって、一般的な手続きを社債権者の立場から概観してみたい（図表 1 - 11 参照）。いかに時間及び手間がかかるかが見えてくる。

　企業の倒産手続きには、会社が解体消滅する清算型の①破産、②特別清算と、事業継続を前提とする再建型の③民事再生、④会社更生手続き、そして、裁判所が関与する法的整理ではない⑤私的整理（事業再生 ADR など）も存在する。

　会社更生手続きが株式会社のみを対象とした制度で、裁判所が選任した管財人が経営を一時的に行うのに対し、民事再生手続きは法人形態に制限がなく、既存経営者が引き続き経営にあたることができるなどの違いがある。また、会社更生法では担保権も制限される（減免の対象になり得るし、担保権実行も制限される）のに対し、民事再生法では別除権として担保権は減免の対象外でか

図表1−11　民事再生法の一般的手続きの流れ

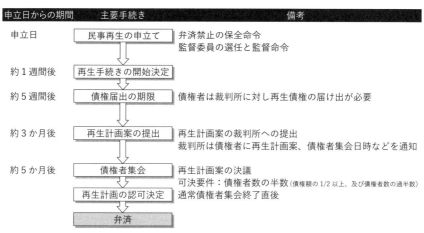

（注）申立日からの期間は一般的なスケジュール感であり、個別の事案で大きく異なることには留意されたい
（出所）各種資料より大和総研作成

つ担保権の実行も制限されないなどの違いもある。

　社債発行会社が裁判所に民事再生手続きの申立てを行い、それが裁判所に受理されると社債はデフォルト（債務不履行）となり、発行会社は期限の利益を失う。裁判所は申立ての受理と同時に同日以前の原因に基づく債務弁済の禁止を命ずる保全命令を出す。よって、社債権者が期限の利益を失った発行会社に社債の弁済を求めても応じてはもらえない。したがって、社債権者は以降、民事再生手続きに従い最終的な弁済を待つことになる。

　法的に規定されたものではないが、債権者に対し説明会が開かれるのが一般的だ。今までの事例では、民事再生手続きの開始決定前後に債権者説明会が開かれている。この場が、社債権者が民事再生法申請に至った経緯や今後の見通しなどを会社や裁判所により選任された監督委員[7]の弁護士から直接聞く最初の機会となる。筆者はクレジットアナリスト業務を長く行ってきた経験から、何度も同債権者説明会に出席したことがある。債権者説明会には質疑の時間などもあるので、社債権者には、なるべく同説明会に出席することをお勧めする。

7　民事再生手続きの場合は、通常、申立て後も会社の業務執行は既存経営陣が行う。但し、その業務執行を裁判所に選任された監査委員が監督することになる。

図表 1-12　民事再生法での債権順位

優先順位	共益債権	DIPファイナンスなど再生開始後債権	→再生計画外弁済
	一般優先債権	従業員給与・賞与・退職金、税金、社会保険料	
	再生債権	別除権付き　担保権付き債権	
		無し　無担保債権（社債など）	
	株主権	株主	

(注) 優先順位は、共益債権が高く、株主権に向かって低くなる
(出所) 各種資料より大和総研作成

　社債権者は、債権の届出期限までに裁判所に対し「債権の届出」を行う必要がある。本届出を行わないと弁済を受ける権利を失うので注意が必要だ。債権者に対しては、裁判所から民事再生手続きの開始決定の通知と債権届出用紙が送付される。社債権者の場合は、証券保管振替機構及び口座管理機関（証券会社など）を通じて同通知・連絡が行われる。

　債権の届出をした後は、民事再生手続きが進み、再生計画案が裁判所に提出されるのを待つこととなる。再生計画では、社債も含めた再生債権の弁済率、弁済期日などが定められる。裁判所は再生計画を受理すると、債権者に対し債権者集会の期日通知書、再生計画案、監督委員会の意見書、そして議決票を送付する。

　債権者集会とは、提出された再建計画の可否を決議する法的会合であり、社債権者はこの場で社債の弁済率や弁済期日を定めた再生計画の可否を投票することになる。なお、再建計画の可決には、債権者の過半数（債権額の1/2以上、及び、債権者数［頭数］の過半数）の賛成が必要だ。

　債権者集会で再生計画が可決され、裁判所が同計画の適法性をチェックし、問題がなければ認可決定が行われる。以降は、同再建計画に則ったスケジュールで社債を含めた再生債権の弁済が実施されることになる。

　日本の場合、シニア債といえども、民事再生手続きなどの法的整理に至れば、上述したように、その弁済率・回収率は至って低率で、期待回収率は10％台でしかないのが現実だ。よって、当たり前だが、デフォルトに至る社債を最後まで持ち切ることを避けるのが社債投資の王道である。

● コラム ●

旧日本航空債のデフォルト事例からの教訓

　ナショナルフラッグキャリアと言われた旧日本航空（JAL）は、2010年1月19日、会社更生法の適用を申請して倒産し、残存公募社債470億円はデフォルトした。その後、一般更生債権に含まれる社債の弁済率は、更生計画により12.5％に確定し、更生計画認可決定日（2010年11月30日）から3か月で一括弁済が行われた。

　JALが法的整理に行き着く直前の過程は以下の通りである。2009年8月、当時の自公政権の下、国土交通省内に「日本航空の経営改善のための有識者会議」が設置された。JALの経営改善を国が指導・監督していくことになった時点から、JALの信用力は、スタンドアローン評価から政府支援を含めた再生計画の動向評価に焦点が移った。その後、同9月に政権交代が生じ、国土交通省直轄の「JAL再生タスクフォース」へ、10月設立の「企業再生支援機構」へとその主体こそ変化したものの、2009年末までは一貫して「私的整理」によりJALの再生が行われる蓋然性が示されていた。しかし、2010年度予算の編成過程で5大臣合意に謳われた「日本航空に対する関係金融機関による融資について、適切な信用補完に関する予算」措置が取られなかったあたりから、急速に「会社更生法」を活用した法的整理の蓋然性が高まった。結果的には2010年1月19日、JALは会社更生法の適用を申請して破綻し、直ちに「企業再生支援機構」が支援主体となるプレ・パッケージ型の再生方法が取られることとなった。

　旧日本航空の破綻（会社更生法適用申請）、社債のデフォルト事例から得られた筆者の教訓は以下3点だ。

　まず、第一の教訓は、JALが法的整理に行き着く過程（上述）、その後の会社更生計画策定の過程で、社債権者は殆ど意思決定に参画できず翻弄されたことである。JAL社債が社債管理者を持たないFA債であったことが主な要因として指摘できる。事業再生ADRなど私的整理の場合はこの点がプラスに働く場合がある（通常、事業再生ADRでは、債権保有者が特定でき

ない社債は債務リストラの対象外となる）のだが、企業再生の蚊帳の外に身を置くことを良とし、「無傷」の可能性に賭けるのはいかがなものであろうか？　社債管理者不在による社債権者の権利行使の難しさについては、度々指摘されてはきたものの、一向に改善がなされていない。

　第二の教訓は、破綻企業の性格によっては、社債権者の権利は合理的な想定より低下する可能性もあることが明らかとなった点だ。JALのケースでは航空機の安全運航継続を理由に、本来社債と同順位の一般更生債権であるべき営業債権やリース債権の全額保護が更生手続き開始時点から裁判所により認められた上、企業年金基金債権についても特別な計らいが認められた（支給額減額措置による制度存置）。「会社更生法」という法的手段を適用したにもかかわらず、債権の平等性に疑問符が付く事例を、社債権者は将来の教訓として、しかと認識しておくべきであろう（一般的に数百万円程度の少額債権を全額保護することはあるが、今回の措置は異例）。

　第三の教訓は、弁済率が12.5％と低率となったことである。会社更生手続き開始時（2010年1月19日）に、支援主体であり管財人である企業再生支援機構が発表した事業再生計画では、一般更生債権に含まれる社債の弁済率は17％と見込まれていた。17％という数字は他事例と比較すれば決して極端に低い数字ではないものの、それでも社債投資家へのインパクトは相当なものだった。しかし、更生計画案策定の過程で免除率は更に高率となり、弁済率は12.5％にまで低下することとなった。主要な交通インフラを担うJALの早期再生を確実なものとするために、できる限りの債務リストラが必要なことは一般論としては理解できるものの、社債権者の代償は想定以上に大きなものになったといえよう。

　紹介したJAL事例のみならず、過去の社債デフォルト事例をしっかりと学び、将来に生かすことは重要だ。特に、実際にデフォルト事例を経験していない若い社債運用者には、過去事例を紐解き学んでおくことをお勧めしたい。

第1章 日本の社債市場の現況

> ● コラム ●

どちらが破綻会社？

　会社Aと会社B、どちらが破綻会社かお判りだろうか？（図表1-13参照）会社Aは見ての通り債務超過、業績の変動も比較的大きい。一方の会社Bはまだ資産超過、業績はと言えば、どちらかと言えば堅調に推移している。意地悪な質問だが、学生や社債投資初級者向けの講義であれば、ここで破綻会社だと思う会社に手を上げてもらうところだ。ベテランの投資家の皆様なら、もうお判りだろう。会社Aは東芝、会社Bはタカタなので、実際の破綻会社はBとなる。本比較が示すように、会社の信用が悪化した際のクレジット評価の要諦は、会計上の業績やバランスシート（B/S）評価ではなく、キャッシュフロー（CF）や資金繰りの状況となる。タカタのように、足元の業績は堅調でも、収益力がジワジワと蝕まれており、近い将来の業績悪化が見通され、加えて、会計上のB/Sがまだ資産超過でも莫大な偶発債務の存在が認められ、実質的なB/Sは債務超過だと推察されれば、

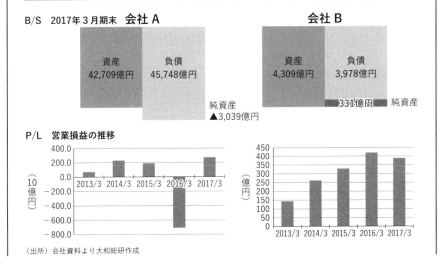

図表1-13　AとB、どちらが破綻会社？

（出所）会社資料より大和総研作成

> 金融債務の借り換えや仕入れ条件は悪化し、CFや資金繰りはみるみるうちに窮することになる。一方、東芝のように、海外M&Aの失敗を契機にノン・キャッシュ費用で業績が悪化しB/Sがたとえ債務超過に陥っていても、メモリ事業の売却でその修復が実現可能であれば、そして、残った事業の収益力向上が見通せれば、銀行は支援を継続するし、CFや資金繰りは回ることになる。両社の違いが示すように、クレジットストーリーの成立要件の有無が、信用力評価を大きく左右する。「クレジット分析は面白い!!」と思いませんか？

信用悪化時の社債の行方

　発行体が民事再生法や会社更生法の適用を申請し倒産、法的整理となれば、社債はデフォルト（債務不履行）となる。日本の場合、上述したように、その際の元本の期待回収率は10％台と低率だ。

　一方、法的倒産を免れたとしても、私的整理の過程で社債が債務再編に巻き込まれ、条件変更の憂き目にあう事例も散見される。コバレントマテリアルや、AvanStrateが具体的事例だ。逆に、銀行ローンが債権放棄やデット・エクイティ・スワップ（DES）などを受け入れる一方で、社債は無傷で済むケースも存在する。アイフル、ダイエー、双日、シャープなどが具体的事例となる。こうした社債の行方の違いは、どこから生じるのであろうか？

　過去事例が蓄積される中、こうした違いは、「会社所有形態／負債構造の違い」から生じ得ると筆者は捉えている。「法的整理」となるのか、「私的整理」となるのかは、会社所有形態で異なり得る。一方、債務再編が「銀行主導」で行われるのか、「会社主導」で行われるのかは、負債構造が左右すると整理している。

　社債発行会社は上場会社が圧倒的に多いが、非上場会社の場合も存在する。社債発行会社が非上場会社の場合、「法的整理」が選択される可能性は低いと考えられる。なぜなら、所有（株主）と経営が分離されていないことが多い非上場会社は、更生・再生計画の中で100％減資など株主責任が真っ先に問われ兼ねない法的整理を避ける傾向があるからだ。勿論、社債権者を含めた債権者が

法的整理開始のトリガーを引く場合も有り得ることは指摘しておく。

　民事再生法の場合は債権者が、会社更生法の場合でも資本金額の1/10以上の債権を保有する債権者が、再生手続きの開始を申し立てることができる。ウィルコムの事例では、会社側は事業再生ADRでの債務再編を志向したが、債権者である金融機関との交渉が難航し、いわば金融機関がトリガーを引く形で法的整理、会社更生法の適用を申請するに至った（注：会社更生法適用申請を行ったのは会社だが）。

　社債発行会社が事業再生ADRを含む「広義の私的整理」を選好した場合、その後の社債の行方は負債構成により左右され得ると筆者は整理している。負債構成（ここでは無担保債務の構成を想定している）が間接金融、つまり銀行ローン主体のケースと、直接金融、つまり社債主体のケースとでは、社債の行方に違いが生じる可能性がある。

　発行体の負債調達が間接金融主体で行われている場合、債務再編は銀行主導で行われる可能性が高い。明確なメインバンクが存在する場合は私的整理という形で、そうでない場合は、近年散見されるようになってきた事業再生ADRという形で、債務再編が行われる蓋然性が高いと思われる。

　私的整理の場合は、メインバンクの金融債権をDESにより株式化し発行体の財務強化を図ることなどがその典型例となろう（双日やシャープなどの事例）。また明確なメインバンクが存在しない場合には、事業再生ADRの活用が行われ、金融債権者である銀行間で協議の上、銀行ローンの条件変更が行われるケースがその典型例だろう（アイフルなどの事例）。

　こうした銀行主導による発行体の債務再編の場合、債権者の特定が難しい社債権者は、時として債務再編の外に置かれ、言葉は悪いがフリーライダーとして経済的に不利益な条件変更を免れる可能性がある（注：事業再生ADRを活用した日本エスコンのケースは、社債もデフォルトしているので、必ずしもフリーライダーとなる訳では勿論ない）。

　債務再編後、社債発行企業の事業運営が好転すれば、債務再編の外に置かれた社債は、約定通り元利金を受け取ることができる。双日などは銀行主導による債務再編事例として、アイフルは事業再生ADRによる債務再編事例として、いずれも社債が債務再編の外に置かれ、社債は無傷（約定通りの利払い、償還

図表1-14 会社所有形態／負債構成の違いと社債の行方（概念図）

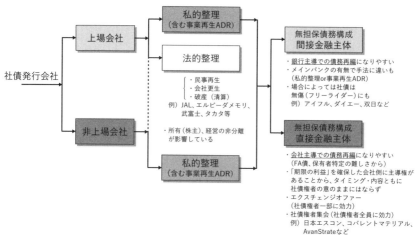

(出所）大和総研作成

が続いた）となった事例である。

　一方、発行体の負債調達が社債中心で行われている場合は、銀行主導の債務再編を期待することは難しい。むしろ、社債に先んじて銀行ローンの保全措置（有担保化など）が行われてしまう可能性が高いだろう（社債の担保提供制限条項は社債間限定同順位が殆どで、銀行ローンとはパリパスではない）。したがって、この場合、社債権者が債務再編の矢面に立つことになる。

　社債管理者不在のFA債が一般的な現在、社債権者側が積極的に債務再編を主導することは難しい。なぜなら、FA債の場合、社債権者側から債務再編のタイミング・内容を決める社債権者集会の招集を請求するには、社債総額（回号別）の1/10以上の賛同が必要となるからだ。大口社債ホルダーが存在するならいざ知らず、そうでない場合には、社債権者集会の実現もままならない。

　そうなると、債務再編は自ずと会社主導で行われる可能性が高くなる（社債発行会社はいつでも社債権者集会を招集できる）。期限の利益を喪失していない会社側に債務再編の主導権がある場合、そのタイミング、内容（社債権者の任意の参加を求めるエクスチェンジ・オファーor社債権者全員に効力が及ぶ社債の条件変更）ともに、社債権者にとって自ずと不利益となる可能性が高くな

る。社債権者集会を経て償還期限の延長・分割償還といった条件変更（もしくはディスカウント買入れ）をやむなくされたコバレントマテリアル債の事例や、同じく複数回の条件変更（1回債で2回、2回債は1回の条件変更）をやむなくされているAvanStrate債の事例の存在を指摘できる。

金融緩和と社債市場

　日本の社債市場は、長期間にわたって金融緩和の中に置かれてきた。日本銀行は2024年3月の金融政策決定会合でマイナス金利を解除し、非伝統的な金融政策手段である長短金利操作（YCC[8]）付き量的・質的金融緩和の枠組みも解除した。ようやく金融政策の正常化、いわゆる「金利のある世界」に向け動き出した訳だが、マイナス金利政策の導入決定からでも8年余り、利上げは前回がグローバル金融危機前にまでさかのぼるので、実に17年ぶりだ。

　その間、日本の社債市場が大きなショックに見舞われたのは、グローバル金融危機時と東日本大震災時の2回のみ（図表1－15参照）。いずれも社債のスプレッド（国債に対する上乗せ利回り）は大きく拡大することになった。

　グローバル金融危機時は、上述したように、日本の社債発行企業の経営破綻やそれに伴う公募社債のデフォルトが頻発することになった。また、東日本大震災時は、それまで準ソブリン債（国債並みの安全性）とみなされていた電力債の市場評価が、東京電力福島第一原子力発電所の事故に伴い大きく悪化することになった。とりわけ、原発事故を起こした東京電力が発行していた東京電力債の市場評価は大きく悪化した。

　その後の社債市場は、上記2回に匹敵するような大きなスプレッド拡大に見舞われることはなく、何度かの限定的なスプレッド拡大局面を経験してきた（図表1－15参照）。

　2016年のマイナス金利政策導入時や、2019年のコロナパンデミック発生直前に生じたスプレッドの拡大は、社債の利回り上昇（＝社債発行体の信用リスク上昇）ではなく、国債金利の低下（マイナス幅の拡大）が主導したものであっ

8　イールドカーブ・コントロール。

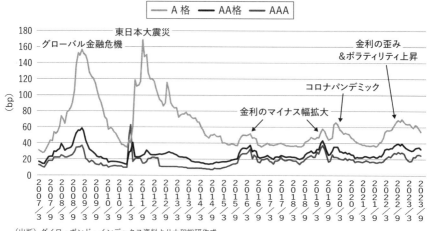

図表1-15 格付け別社債スプレッド（残存3～7年の平均）

（出所）ダイワ・ボンド・インデックス資料より大和総研作成

た。そして、2020年はコロナパンデミック発生による日本企業の信用リスクの上昇懸念が、2022年は金融政策正常化を前倒しに織り込んだことによる国債イールドカーブの歪みと金利ボラティリティの上昇（ベース金利の不安定化が投資家の信用リスクテイク意欲を減退させた）が、スプレッド拡大を主導した。

つまり、黒田東彦前日本銀行（日銀）総裁が金融緩和を強化して以降は、コロナパンデミック時を除き、社債発行企業の信用ファンダメンタルズの不安からではなく、主にベース金利（国債金利）の低下（マイナス幅拡大）やボラティリティの上昇が社債のスプレッド拡大を主導してきたことが分かる。

長期間にわたる金融緩和は、社債の発行環境にも影響を与えた。金融緩和が進み、その長期化が見込まれていた際は、A格銘柄の20年債の発行増や、AA格の50年債の発行実現など、超長期社債の発行が増加した。投資家は利回りアップのために社債投資の長期化を選好し、発行体は超長期の資金を低利で調達する千載一遇のチャンスと捉えたからだ。

日銀によるQQE（量的・質的金融緩和）の導入で、社債の発行年限は長期化が進行した（図表1-16の2013年度から2015年度の期間）。そして、長期金利がゼロ％にまで低下した2015年度第4四半期辺りから（図表1-17参照）、と

図表 1 - 16　社債の四半期別発行年限構成比

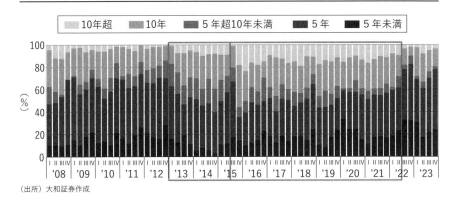

（出所）大和証券作成

図表 1 - 17　長期金利（10 年国債）の推移

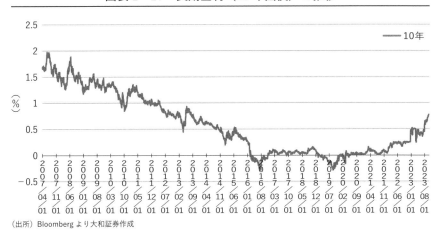

（出所）Bloomberg より大和証券作成

うとう社債の年限のタガは一気に外れ、シングル A 格の 20 年社債の発行がごく普通に行われる超長期社債の時代に突入した（図表 1 - 16 の 2015 年度第 4 四半期から 2022 年度第 2 四半期）。長期的に俯瞰して見れば、同時期の 10 年超社債の発行割合がいかに多かったかが見て取れる（図表 1 - 16 参照）。国債の最長期年限が 40 年にもかかわらず、50 年社債（三菱地所、三井不動産、JR 東日本、JR 西日本、大阪瓦斯、東京瓦斯）までもが発行されたことは、今振り返ると驚きだ。

こうした社債の発行年限の長期化を、日銀は金融緩和の効果だと捉えていた。しかし筆者は、同傾向をやや冷ややかな目で眺めていた。なぜなら、社債投資での期間の長期化は、金利リスクの拡大のみならず、信用リスクの拡大をも伴うダブルリスクを負う投資戦略だからだ（一方、信用リスクを殆ど考えなくてよい国債投資の場合は、期間の長期化は金利リスクの拡大のみで、信用リスクの拡大は伴わないと考えてよい）。社債の格付けは、3年債だろうと10年債、20年債、そして50年債だろうと変わらないが、信用リスクの本質とも呼べるデフォルト率（PD値）は年限の長期化に伴い明らかに上昇していくからだ。

●コラム●

旧東京電力債リサーチに思いをはせる

　社債市場と東日本大震災とのかかわりといえば、福島第一原発事故を起こした旧東京電力（東電）の信用リスクが突然上昇したことを抜きには語れない。それまでの東電債は、準ソブリン債と言ってよいほどピカピカの社債であった。それが、原発事故を境に、デフォルトリスクも意識されるほどに評価が下落。多くの投資家が保有しているような代表銘柄でもあったので、東電債の行方にヒヤヒヤした投資家が非常に多かった。原発事故以降、クレジットアナリストをしていた筆者が東京電力グループの信用動向の調査・モニタリングに忙殺されたのは、言うまでもない。

　震災・原発事故から13年が経過した。東電債はデフォルトはおろか条件変更も起こさずにしっかりと約定償還を続けている（残りは6銘柄2400億円、最終償還日は2040年5月28日）。また、東京電力グループは公募社債市場に復帰済みで（東京電力パワーグリッド債等として）、現在では市場から滞りなく資金調達ができている。そして、格付けは"両足（JCR/R&I）シングルA格"に復帰済みだ。こうしたことを考えると感慨深い。筆者は20年超のクレジットアナリスト生活の中で、幾つもの忘れられない銘柄に出会ってきた（エルピーダメモリ、日本航空、東京電力、AvanStrate、シャープ、東芝、タカタ、神戸製鋼所、ソフトバンクグループ等々）。東京電力はその内でも一、二を争う印象深い銘柄だ。

　筆者は、賠償債権よりも優先回収権を持つ一般担保付社債が約5兆円も残存する特殊性故に、法的倒産処理が取り難いことをいち早く察知し、損害賠償、除染、廃炉などの制度設計段階からその仕組みの理解に努め、適宜適切な情報発信をした。その結果として、投資家の皆様にはご迷惑をおかけすることがなかったと勝手に自負している次第だ。

　勿論、東京電力グループは、原発事故処理はおろか福島の復興を終えた訳でも何でもない。むしろ、長期間にわたる対応のまだ端緒についたばかりにすぎない。筆者自身は、最後まで見届けることは勿論叶わない。しか

し、古巣である大和証券のクレジットアナリストが、これからもしっかりと同社グループの信用動向とその社債市場への影響を分析・モニタリングし情報発信してくれるものと確信している。

●コラム●

電力債に付く一般担保権は、万が一の際のお守りのようなもの

　東電債の事例で焦点となった電力債に付く「一般担保権」がどのようなものなのかを紹介しておく。一般担保権は電力債のみならず、財投機関債（政府関係機関などが政府保証なしで発行する債券）などにも付されているので、同債への投資家にも参考となろう。

　現在、電力債には「一般担保」が付されている（注：劣後債には付されていない）。しかし、一般担保の付与は経過措置で2024年度末（2025年3月31日）までとされている。よって、それ以降の同措置の取り扱い（継続の可否など）が未定である点には留意されたい。

　電力会社（一般電気事業者）については、かつては電気事業法の本則に一般担保付社債の発行に関する規定が存在し、それを根拠に一般担保付社債の発行が行われてきた。しかし、電力自由化を踏まえた電気事業法の改正（3弾に及ぶ改訂）により、一般電気事業者に認められてきた一般担保付社債の発行特例については、適正な競争関係を確保する必要性から廃止された（2020年4月1日より）。

　一方で、地域電力会社の資金調達環境を考慮し、第3弾改正法の施行（2020年）から5年間（2025年3月31日まで）は、大規模な設備を要しない小売事業会社を除き、発電・送配電・持株会社[9]が一般担保付社債の発行を選択できる経過措置が電気事業法の附則にて規定されている。現在は、同附則の規定を利用して一般担保付電力債が発行されている。

9　旧一般電気事業者、つまりは地域電力会社であったかどうかにかかわらず一般担保付社債の発行を選択できる。

一般担保権とは先取特権で、万が一の際のお守りのようなものと捉えられる。発行体の信用力が高ければ、さして効力を発揮するものではなく、発行体の信用力が著しく低下した際にその効力を発揮するものだ。
　一般担保権には強い法的効力があると筆者は考えるが、その効力が発揮され得るのは、発行体が破綻に近づいたときといえそうだ。つまり、デフォルト率はその他債権と同様だが、万が一の際の回収率が変わり得る。「一般担保」は、「担保」という言葉が誤解を生みやすいが、発行体の資産を紐付きで担保に取っている訳ではなく[10]、一般担保規定を見ればわかるように「先取特権」のこと。よって、物上担保など有担保債権が存在すれば、それには劣後する。
　一方、無担保債権に対しては明らかに優先することになる。一般担保付債券の発行体が仮に会社更生法を適用したとすると、有担保債権は更生担保権、一般担保付債券は優先的更生債権、無担保債は一般更生債権となる（図表1‐18参照）。会社更生法での弁済順位は、「共益債権＞更生担保権＞優先的更生債権＞一般更生債権＞株式」となるので、優先的更生債権となる一般担保付債券には、それなりに高い回収率が見込まれる。
　筆者は、上述したように、旧東電債を一般担保付債券の強い法的効力が発揮された事例と捉えている。福島第一原発事故を起こした旧東電には、会社更生法の適用など「法的整理」をとの声も当時は強くあった。しかし、仮に旧東電を法的整理すれば、一般更生債権に分類される銀行ローン（無担保）や多額の賠償債権[11]が一般担保付社債に劣後してしまう。言い換えれば、一般担保付債券の法的強さ故に、会社更生法の適用など「法的整理」が選択肢から外れたものと推察している。旧東電の事例は、実際に発行体が法的破綻し、一般担保付債券の高い回収率が実現した事例ではないものの、一般担保付債券が先取特権を持つが故に発行体の法的破綻が選択肢になり得なかった事例であり、示唆に富む。
　このように、一般担保は万が一の際の拠り所（高い回収率）であり、お

10　したがって、会社の資産の切り売り自体を防止する手立ては本来持ち得ない。
11　賠償債権については、その原因の認識時点の違い（更生手続き開始前後）でその扱いが異なる可能性も議論になった。更生手続き開始前に原因のある賠償債権は一般更生債権である一方で、開始後に原因のある同債権を共益債権とみる考え方。

図表1-18 会社更生法での各債権の優先劣後関係模式図

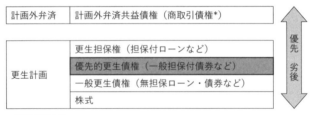

*特別な許可の下
(出所)各種資料より大和総研作成

守りのようなものである。よって、発行体の信用力が高ければ、その役割は無視できる。この点についてはJR東日本・西日本・東海などの事例が示唆に富む。JR3社の一般担保付社債の発行は完全民営化に伴い終了し、その後は無担保社債としての発行に移った。発行体の信用力が高いが故に、一般担保の有無による条件差などは生じなかった。投資家は、JR3社債にかつて一般担保付社債が存在していたことすらもう認識していないのではなかろうか。

金融緩和終了後の社債投資は"Back to Basics"

　金利がない時代（≒長期金利がゼロ近傍）に活発化した超長期社債の時代は終わり、これからは社債の発行年限は中期ゾーンに回帰することになるだろう。格付け符号の「賞味期限」はそもそも3～5年なので（例えばR&Iは、格付けは3～5年の将来見通しに対する見解を反映したもの[12]だとしている）、中期ゾーンへの社債発行の回帰は、いわば"Back to Basics"（基本への回帰）であり、望ましいことである。

　勿論、10年以上の年限の社債の発行が全くなくなる訳ではないだろう。インフラ系業種（電力・ガス、通信、鉄道など）を中心に信用力が比較的長く安定していると評価できる銘柄では、引き続き長期・超長期社債の発行は行われる

12　R&I「事業法人等の信用格付の基本的な考え方」2021年6月24日。

だろうし、投資家もそれを受け入れるものと考える。

　長らく金利は低下一辺倒で、金利リスク（＝金利上昇リスク）をさして意識する必要はなかったが、固定利付の社債は、信用リスクのみならず金利リスクも勿論内包する。釈迦に説法だが、社債の信用リスク、金利リスクは、年限の長期化により「共に」上昇する。筆者は、超長期社債の活用について、ダブルリスク（信用リスク＋金利リスク）を利回りに変える手法だと表現してきた。金利が上昇局面に転じ、金利リスクが意識される金融政策正常化時代の社債の活用法は、緩和時代とは自ずと異なるものに、つまり年限を強く意識したものになるべきだ。

金利上昇とクレジットスプレッド

　日銀によりマイナス金利政策が解除され、非伝統的金融政策（YCCやリスク資産の買入れ）も手仕舞いが決定された。長く続いた日本の金融緩和もいよいよ終わりを迎え、金利が有意に上昇することになるかもしれない（勿論、ならないかもしれないが）。社債市場は長らく金利低下、もしくは金利のない世界しか経験してこなかったが、これから「金利のある世界」に入るのであれば、金利上昇とクレジットスプレッドの関係を考える必要がでてくる。

　基本的には、金利水準の上昇はクレジットスプレッドの拡大要因となり得る。長期金利が０％の時に要求されるクレジットスプレッド（信用リスクプレミアム）と、同２％の時に要求されるクレジットスプレッドは、後者の方が前者に比し大きくなり得ることは感覚的に分かりやすいし、受け入れやすいだろう。また、金利上昇が本格的、かつ長くなれば、企業の信用悪化を通じてクレジットスプレッドの拡大圧力ともなっていく。

　しかし、実際は「金利上昇＝クレジットスプレッド拡大」とは限らない。金利上昇が緩やかで、金利のボラティリティも大きくなければ、金利上昇が社債投資需要を喚起することで、むしろクレジットスプレッドは縮小し得る。日本企業のクレジットファンダメンタルズが良好な状況であればなおさらだ。もっとも、金利上昇がクレジット商品である社債から無リスク資産である国債への需要遷移を発生させるメカニズムも働くので、クレジットスプレッドの縮小に

は、「需要喚起＞需要遷移」となる必要があることは論を俟たない。2023 年度入り後のクレジットスプレッドの縮小は、まさに上記メカニズムが働いたゆえと言うことができるし、振り返ってみれば、2016 年 9 月の YCC 導入による長期金利上昇時も同様だ。

よって、金利上昇時のクレジットスプレッドの動向を占うには、
① 金利上昇のスピードとそれに伴うボラティリティの状況
② クレジット（社債）VS 国債の需要変化
③ クレジットファンダメンタルズの状況

といった複数の変数からなる関数（クレジットスプレッド＝f（①、②、③））を解く必要がある。決して、「金利上昇＝スプレッド拡大」と一次関数的に決まっている訳ではないだろう。

①金利上昇のスピードとそれに伴うボラティリティの状況は、局面によって社債需要、延いてはクレジットスプレッドへの影響が異なり得るのでやっかいだ。

2022 年夏から秋に生じた金利上昇局面は、久方ぶりであった。金利がどこまで上昇し得るのかが分からなかった不安もあり、社債投資需要を減退させ、金利上昇はクレジットスプレッドの拡大圧力を生むことになった（図表 1-19、1-20 参照）。

しかし、2023 年に入ってからの金利上昇局面では影響が異なる。一旦、マイナス金利解除を想定した金利の上限が見えたこと、またその後の金利反転低下により高い利回りでの社債投資ができなかった反省もあり、今次の金利上昇局面では、社債投資需要を喚起させ、クレジットスプレッドには拡大ではなく縮小圧力を生んでいる（特にシングル A 格以上）（図表 1-20 参照）。

②クレジット（社債）VS 国債の需要変化にも要注目だ。これはひとえに長期金利の水準次第となりそうだ。金融政策が金融正常化に向け順調に進捗し長期金利が有意に上昇し（例えば70bp 以上[13]）、それが経常化するのであれば、特に銀行など預金取扱機関の10 年ゾーンの債券運用が国債運用にシフトして、例

---

[13] 東京商工リサーチが 2023 年 3 月期決算を用いて算出した銀行（大手行、地方銀行、第二地銀）の資金調達原価率の中央値は 68bp。

えて言えば、「10年社債さようなら、5年社債こんにちは」になると期待される。10年社債から5年社債への運用シフトは、預金取扱機関の金利リスク低減化にも寄与するので歓迎されよう（図表1-21、1-22参照）。

　預金取扱機関の社債選好年限の短期化は、発行市場、そして流通市場の双方に影響を及ぼす。発行市場では、10年社債の需要を減退させ、新発社債の発行年限が中期ゾーン（3～7年）主体となりそうだ。また、流通市場では、10年ゾーンのクレジットスプレッドには拡大圧力が、そして5年ゾーンのスプレッドには縮小圧力となり、クレジットカーブのスティープ化が生じることにもなり得ると考える。

　勿論、マイナス金利は解除できたが、その後短期金利を有意に上げることはそう簡単ではなさそうだし、日銀は緩和的金融環境をしばらく維持するとも示唆している（大量に買い込んだ国債のQT［量的引き締め］もまだ始まってはいない[14]）。つまり、長期金利がどこまで上がるかはまだ不透明なので「10年社債さようなら、5年社債こんにちは」の実現可否は慎重に見定める必要がありそうだ。

信用改善サイクルから株価上昇サイクルへの転換の胎動

　長く続いている上場企業の信用改善サイクル（増益⇒資本蓄積⇒レバレッジ低下・格付け上昇⇒）を受け、東京証券取引所（東証）は、いっそうのPBR（株価純資産倍率）改善を上場企業に求めており[15]、株価上昇サイクル（増益⇒積極投資・株主還元⇒株価上昇⇒）へ転換を図るつもりだ（図表1-23参照）。信用改善サイクルから株価上昇サイクルへの転換は、社債発行企業のクレジットファンダメンタルズに影響を与え得るので注目だ。

　東証の施策が好感されたこともあってか、日経平均株価は2024年2月22日に1989年末につけたそれまでの最高値3万8915円を更新、3月4日には4万円台に乗せた。それ自体は決して悪いことではないが、サイクル転換に伴って

---

[14] 2024年6月14日の日銀金融政策決定会合において、長期国債買入の減額方針を決定し、7月会合にて今後1～2年程度の具体的な減額計画を決定するとされた。
[15] 東京証券取引所上場部「資本コストや株価を意識した経営の実現に向けた対応について」2023年3月31日。

図表 1‒19　格付け別社債利回り（残存 3 〜 7 年平均）

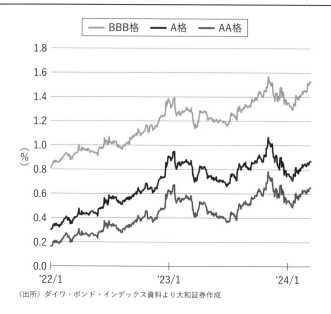

（出所）ダイワ・ボンド・インデックス資料より大和証券作成

図表 1‒20　格付け別社債スプレッド（残存 3 〜 7 年平均）

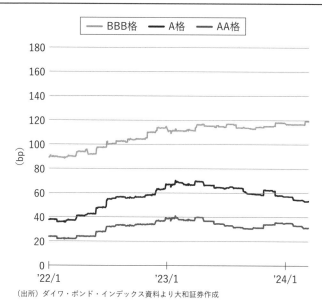

（出所）ダイワ・ボンド・インデックス資料より大和証券作成

図表1-21　10年金利と資金調達原価率（70bp）への必要利回り

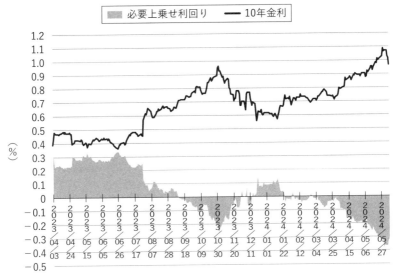

（出所）Bloomberg 資料より大和証券作成

図表1-22　5年金利と資金調達原価率（70bp）への必要利回り

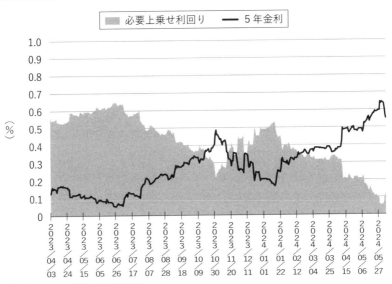

（出所）Bloomberg 資料より大和証券作成

図表1-23 信用改善サイクルから株価上昇サイクルへの転換

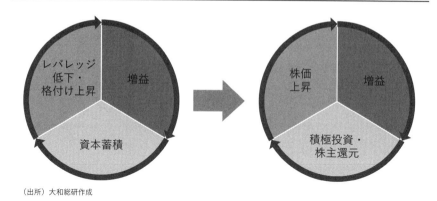

(出所)大和総研作成

日本企業の信用力が落ちてしまうのは避けたいものだ。

　東証は2024年1月15日、「資本コストや株価を意識した経営の実現に向けた対応について」をコーポレート・ガバナンス（CG）報告書で記載している企業の状況を発表した。それによれば、プライム市場企業の4割、スタンダード市場企業の12%が開示済みであった。なお、平均PBRの低い業種の方が開示は進展している。東証は、こうした取り組みを進めることで、上場企業の株価上昇サイクルへの転換を後押ししていく。ちなみに、社債発行業種には低PBRの業種も多い。信用改善サイクルが回り格付けが上昇してきた社債発行企業も、株価上昇サイクルへの転換が迫られている。

　日本の上場企業、その中でも社債発行企業は長く信用改善サイクルを重視してきた。日本の上場企業の足元の業績は堅調で、引き続き「増益⇒資本蓄積⇒レバレッジ低下・格付け上昇⇒」といった信用改善サイクルが回り続けていることが分かる。日本企業の格付けはどんどん上がっているが、同サイクルが回り続ければ格付けは上がる訳だ。東証はPBR改善要求を上場企業に突きつけて、「増益⇒積極投資・株主還元⇒株価上昇⇒」といった株価上昇サイクルへの転換を上場企業に求めているが、信用改善から株価上昇へのサイクル転換はそう簡単ではない。そうだとすれば、筆者が従前から感じているように、日本企業の多くはまだ株式投資よりは社債投資向きといえる。

　一方、2023年末に株価上昇サイクルへの転換の胎動が起き始めた。まずは日

図表1-24　群馬銀行の目指す自己資本構成とそれに向けたキャピタルアロケーション

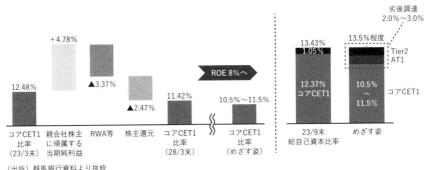

(出所) 群馬銀行資料より抜粋

本製鉄による約2兆円もの資金を費やすUSスチール買収の発表がそれにあたる（買収の成否は本書籍執筆時点で未確定）。日本製鉄のUSスチール買収は、信用改善サイクルを株価上昇サイクルに転換させる施策といえる。日本製鉄は事業環境に左右され難い収益力の向上を通してジワジワと自己資本を蓄積、財務レバレッジの低下を進めてきた（信用改善サイクル）。一転、今般の大型買収の決断は、一時的な財務の悪化（格付け資本考慮ベースである調整後D/Eは2023年9月末の0.5台から0.9へ上昇）を甘受して「日本製鉄の連結収益力と成長性を高め、株主価値を最大化」（会社説明資料より）を目指す施策である。格付け会社が揃って指摘するように、財務悪化は信用力評価にはマイナスに働く。

筆者は、日本製鉄のような株価上昇サイクルへの転換を図る企業は、そう簡単には出てこないと高を括っていた。ところが、群馬銀行のAT1債（その他Tier1債）の活用、積水ハウスの米住宅企業の買収、そしてルネサスエレクトロニクスの大型買収と、株価上昇サイクルへの転換を図る企業が出始めている。

例えば、群馬銀行のAT1債の活用も、信用改善サイクルを株価上昇サイクルに転換させる施策といえる。群馬銀行のコアCET1比率[16]は2023年9月末で12.37％と相応に高く、格付けもJCRで「AA／安定的」と高い。そのコアCET1比率をRWA（リスク加重資産）の上昇や株主還元で下げることで、収益力向上と相俟ってROE（自己資本利益率）の改善を目指す（同行は中長期的な目線

16　コアCET1比率＝普通株等Tier1（CET1）から有価証券評価差額金を控除して算出。

図表1-25　社債・国債買入れがクレジットスプレッドに影響を与える経路

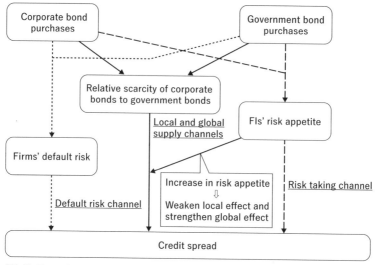

（注）FIs: Financial Intermediaries
（出所）日本銀行金融研究所 "The Effects of the Bank of Japan's Corporate and Government Bond Purchases on Credit Spreads" より抜粋

として将来ROE8％とPBR1倍の達成を掲げている）。その際、総自己資本比率を落とさぬ財務施策として、AT1債（1回債100億円を発行済み）が活用された。ハイブリッド証券などの活用で信用力評価を悪化させずに株価上昇サイクルへの転換が図られれば、クレジット・株式投資のWin-Winが実現しよう。群馬銀行のケースは、ハイブリッド証券の活用（今般はAT1債）により、信用力評価を悪化させずにサイクル転換を図る施策であり注目される。

日銀社債買入れ施策と社債市場

　現状の社債市場は、日銀の社債買入れ施策を抜きには語れない。社債のように信用リスクのあるリスク資産の買入れは、非伝統的金融政策に属する。しかし、この非伝統的金融政策が、日本の場合は延々と行われてきたからだ。2024年3月の日銀金融政策決定会合において、ようやく「長短金利操作（YCC）付き量的・質的金融緩和」の枠組み解除が決定された。それによれば、延々と続

図表1-26　社債発行スプレッド「銘柄共通要因」の変動要因

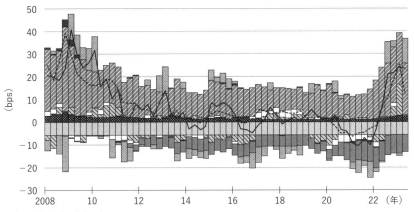

(注) 凡例中の枠線は筆者が追記
(出所) 日銀レビュー「わが国における社債発行スプレッドの動向」より抜粋

いてきた日銀による社債買入れは、今後は月次の買入れ額を順次減少させ、2025年3月をめどに終了する予定である。

　日銀による社債買入れは、白川方明元日銀総裁時代に、グローバル金融危機対応で2009年に「異例の措置」として導入された。社債の発行環境改善に伴い2009年末に一旦社債買入れ施策は終了したが、翌2010年10月会合での「包括的な金融緩和政策」導入に伴う資産買入等基金創設で再開されることになった。その後は、2013年の黒田前総裁誕生に伴う「量的・質的金融緩和」の導入、そして植田和男現総裁に受け継がれた「長短金利操作付き量的・質的金融緩和」への変遷を通じて、日銀による社債買入れは、延々と行われ続けてきた（注：コロナ禍対応で導入した年限延長・増額分は2021年度末で終了しているが）。

　グローバル金融危機時、東日本大震災時、そして新型コロナウイルスのパンデミック時など、社債市場が変調をきたした時に日銀による社債買入れ施策がクレジットスプレッドの縮小効果を通して社債市場の安定化に貢献したことに異論はなかろう。

図表1‐27 日本銀行の社債買入れ残高

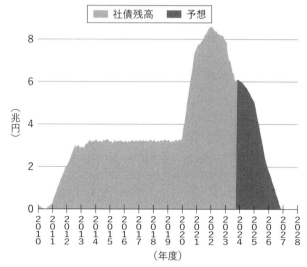

(注) 予想は大和証券
(出所) 日本銀行資料より大和証券作成

　日銀は、自らクレジットスプレッドに与える効果を検証している。日銀は2018年6月4日、日銀による社債買入れ、国債買入れがクレジットスプレッドに与える影響に関するレポートを英文で公表している（原文は"The Effects of the Bank of Japan's Corporate and Government Bond Purchases on Credit Spreads"）。それによれば、日銀による社債買入れや国債買入れは、企業のデフォルトリスクを低減するデフォルト・リスクチャネル（Default risk channel）、社債の国債対比の希少性を変えるローカル・グローバル供給チャネル（Local and global supply channel）、そして金融機関のリスク・アペタイトの変化を通したリスク・テイキングチャネル（Risk taking channel）を通して有意にクレジットスプレッドを縮小させるとの結果を導いている（図表1‐25参照）。また、2023年9月27日に公表された日銀レビュー「わが国における社債発行スプレッドの動向」においても、日銀による社債買入れ額の残高がストック効果として相応に社債発行スプレッドを押し下げていることを明らかにしている（図表1‐26参照）。

図表1-28　月次社債買入れ額の推移

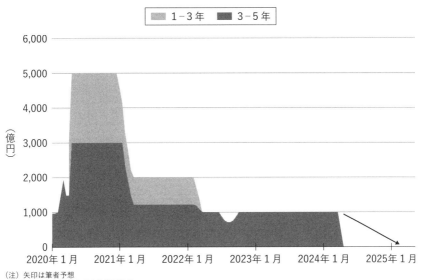

(注) 矢印は筆者予想
(出所) 日本銀行資料より大和総研作成

　一方で、2009年、白川元総裁時代に「異例の措置」として導入された社債買入れ施策が延々と続き、常態化してきたことについての是非やその副作用については今まで殆ど議論・分析がなされていない。筆者は、社債の買入れ施策は中央銀行の政策手段としては「異例の措置」なので、必要がなくなれば速やかに施策を道具箱に戻すべきだし、その手法についても海外の中央銀行を見習って改善すべきと主張してきた。

　「異例の措置」である社債買入れ施策は、必要がなくなればFRB（米国連邦準備制度理事会）がそうしたように[17]、速やかに道具箱に戻すべきだ。2009年1月、日銀が社債買入れの検討を決めた際に出した「企業金融に係る金融商品の買入れについて」という発表文を紐解いてもらいたい。そこでは、民間部門の個別の信用リスクを負担する社債買入れは、損失発生を通じて納税者の負担を生じさせる可能性が相対的に高く、また、個別企業に対するミクロ的な資源

---

[17] FRBはコロナ禍対応で2020年3月に導入を決めた社債買入れ施策（PMCCF、SMCCF）を2020年12月末には終了している。

配分への関与も深まるので、「異例の措置」と位置付けるべきだと記している。更に、1）個別企業への恣意的な資金配分となることを回避すること、2）必要な期間に限り適切な規模で実施すること、3）日銀の財務健全性を確保して実施すべきとの留意事項も記されている。筆者には、どう見ても1）、2）の留意事項を逸脱した社債買入れが延々と実施されてきたとしか思えない。

　社債買入れの手法についても分析が必要だ。筆者は、できるだけ企業への資源配分を歪めないように、より幅広い銘柄を買い入れるべきと主張してきた（日本の社債市場はほぼ全てトリプルB格以上なので、本来は、より幅広い銘柄が買入れ対象になってもおかしくないが、日銀の与信判断で買入れ銘柄が選別されている）。また、入札方式で市場実勢よりも高値で買い入れる手法や、購入社債の銘柄を一切開示しないことにも問題があると思われる。FRBは、資源配分をできるだけ歪めないように独自インデックスを作成し、外部エージェントを通して市場実勢価格で社債の買入れを実施し、買入れ銘柄も公表している。こうした海外事例も参考に、白川元総裁時代から延々と続いてきた社債買入れ施策が多角的レビューを通して検証され、改善されることを切に望んでいる。

　なお、日銀が延々と続ける社債買入れを手仕舞えば、その残高減少に伴って（つまり、フローではなくストック効果として）社債発行スプレッドは拡大し得る。既に日銀のB/S上の社債はQTの真っ最中だが、2024年3月の手仕舞いの決定で、社債のQTは更に進むことになる（図表1-27、1-28参照）。日銀による「わが国における社債発行スプレッドの動向」[18]では、社債発行スプレッドの計量分析を実施している。銘柄別のパネルデータを用いて「銘柄個別要因」と「銘柄共通要因」の把握を行うとともに、「銘柄共通要因」の変動要因の定量化を試みている。それによれば、日銀による社債買入れ残高の増加が、相応に社債発行スプレッドを押し下げる効果があることが示された。残高の減少はその逆の効果を生むことになる。

18　日銀レビュー　2023年9月27日、企画局落香織、長田充弘。

第 2 章

日本の社債市場の課題と対応

社債市場の活性化は古くて新しい問題

　第1章で日本の社債市場の現状を見てきたが、残念ながら、様々なリスク・リターンを提供し、売買が活発で厚みのある理想的な市場からは程遠い。

　日本証券業協会（日証協）の森田敏夫会長は、2023年10月18日の定例記者会見において、間接金融優位の日本では、社債市場は「長年にわたり、市場規模の拡大が進まず、新たなプレーヤーの参入も進展しないという状況にある」と、社債市場の改革が遅々として進んでいないこと、つまり、同市場の活性化が古くて新しい問題であることを改めて指摘した。社債市場が発達している米国に比し、社債の発行額も残高も、日本はその1/10にも満たず（図表2－1参照）、発行される社債も、米国では非投資適格級の社債（いわゆるHY債）が一般的であるのに比し、日本では9割以上がA格以上だ（図表2－2参照）。

　日証協ではグローバル金融危機後の2009年7月、「社債市場の活性化に関する懇談会」を発足し、以降、後述するように様々な取り組みを進めてきた。しかし残念ながら、森田会長自らが指摘したように、社債市場の活性化とは程遠いのが現実だ。社債発行企業は日本企業のトップ・オブ・ピラミッドの数百社

図表2－1　社債の発行額・残高の日米比較

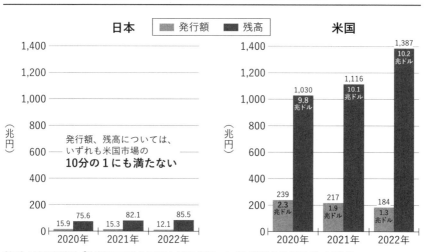

（出所）日本証券業協会「社債市場の活性化に向けた今後の検討について」（2023年10月17日）より抜粋

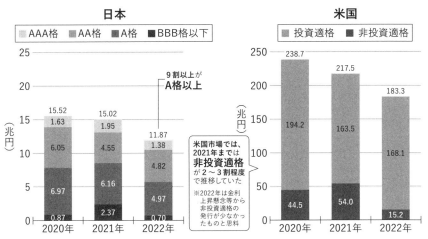

に限定され、しかもその格付けは全般的に上がっており、日本の社債市場はかつての"The IG市場"から"シングルA格以上市場"に成り下がっている。日本の社債市場は、向かうべき方向と向かっている方向が真逆である。

一方で改革の方向性は明確

　日本の社債市場の活性化は古くて新しい問題で遅々として進んでいないが、一方で、向かうベクトルを変えるための改革の方向性は明確だ。高いデフォルト時損失率（LGD）故に、低いデフォルト率（PD）の社債しか許容されない状況を改善し、より大きなPDの社債（つまり、格付けの低いものや、より長期の社債）を許容できるようにするのが改革の方向性だ（図表2－3参照）。つまり、社債の期待損失率（LGD×PD）を変えずに、取れるPD値を大きくすることが必要となる。

　そのためには、現在ファット・テイルに陥っている社債の商品性の改善が急務である。本来シニア無担保債務であれば同順位であるべき社債と銀行ローンのパリパス性を取り戻していくために、銀行ローンにはコベナンツ（財務制限

図表2-3　社債の商品性改善の方向性

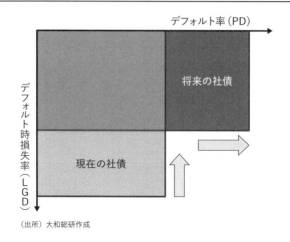

(出所)大和総研作成

条項)の開示が、社債にはコベナンツの改善・付与が必要だし、社債管理の改善も必要だ。

　日本の企業金融(負債調達)における間接金融(銀行ローン)優位の状況は相変わらずで、直接金融(社債市場)は思ったように拡大していない。2009年、筆者が所属する大和証券グループがメガバンクグループと"円満離婚"した際に、銀行に戻る同僚に向け、「いつの日か社債が銀行ローンを凌駕してみせる」と啖呵を切った。しかし、残念ながらいっこうにそうした状況は訪れそうもないのが実状だ。

　こうした状況を変えるには、銀行には貸付先企業とそう易々といつまでも付き合えないようにし、社債投資家には逆に投資先企業ともう少し長く付き合えるようにするために、現在の構図を変える工夫が必要だ。

　東日本大震災後の東京電力や、シャープ、東芝など過去に信用不安に陥った社債発行企業事例に見るように、企業にとって銀行は、とても都合の良い資金の借り先であるので、銀行ローンに頼りたくなる気持ちは分からなくもない。銀行は、貸し手の信用状況が悪化しても、担保徴求など貸付資金の保全措置こそ求めるものの、そう簡単に資金を引き揚げる訳ではない。場合によっては、デット・エクイティ・スワップ(DES)やリスクマネーの提供(優先株等)ま

でも受け入れてくれるからだ。

　一方、社債の場合はそうはいかず、日本の場合は、一般的に投機的等級と呼ばれる「ダブルB格」にまで発行企業の格付けが下がってしまえば、とたんに社債によるリファイナンスは適わなくなる。こんなリスク許容度の低い投資家ばかりの市場では、信用力の安定によほど自信のある企業ならいざ知らず、そうでない企業の場合は、怖くておちおち社債にデット・ファイナンス（負債調達）の多くを頼れないのも無理はなかろう。

　最後まで貸付先企業ととことん付き合う銀行には、「そこまで我慢して付き合わなくてもよいのでは？」と問いたい（もっとも、銀行が企業にとことん付き合うことが社債のリスク低減につながる側面もあるので、痛し痒しではあるが……）。逆に、高格付け（投資適格級の「トリプルB格以上」どころか「シングルA格以上」）の企業しか相手にしない社債市場に対しては、「もう少し我慢して付き合ってあげてもよいのでは？」と問いたくなる。我慢し過ぎるのも、しなさ過ぎるのもよし悪しだ。

　つまり、銀行には、そう易々と貸付先企業と付き合えないようにすることで、逆に、社債投資家には、投資先企業ともう少し付き合えるようにしてあげられれば、企業金融での社債のシェア拡大の余地が生まれることになる。

　では、どうすればこうした状況を作れるのだろうか。社債には、コベナンツの付与、社債管理者や社債管理補助者の設置等々、発行体の信用力が落ちてきても投資資金の保全措置が機動的にできるようにすることで、もう少し投資家が投資先企業と付き合えるようにすべきだろう。一方の銀行ローンには、社債への保全措置手段の改善を通して社債とのパリパス性を改善したり、引当基準をより厳格化したり、更には、貸出先へのエクイティ出資をより制限すること等で、貸出先企業の信用が低下した暁には、そう易々と貸付先企業と付き合えないようにすべきだろう（但し、銀行ローン側への対応は、基本的には本書の対象外だ）。「言うは易し、行うは難し」であり、日本の大企業金融を変えるのは大変だ。しかし、諦めてしまっては元も子もない。筆者の目の黒い内に、少しでも社債調達のシェアを上げたいものだ。

● コラム ●

とことん付き合う銀行、傍観者の社債市場（東芝事例より）

　東芝がかつて信用不安に陥った際、社債市場は東芝の資金調達に全く貢献できなかった。再生の過程で東芝の資金調達を支えたのは銀行とエクイティ投資家で、社債の投資家はと言えば、完全に傍観者であり、蚊帳の外と相成った。

　社債の償還可能性を心配し、東芝の信用力の行く末を固唾を呑んで見守ったり、価格の落ちた社債をいち早く、又はやれやれと、処分したりはしたとしても、社債市場は東芝に新たな資金を供給する役割を果たすことはできなかった。一方、銀行はと言えば、勿論、担保徴求など保全措置を進めながらではあったが、借り換えやコミットメントラインなどを通して与信を東芝に提供し続けた。また、エクイティ投資家はといえば、言うまでもなく約6000億円もの新しいリスクマネーを東芝に投じた。

　様々な異論・反論があることは百も承知である。しかし、こうした実情を目の当たりにすると、社債市場の柔軟性のなさ、使い勝手の悪さを痛感せずにはいられない。こんな状況を放置すれば、日本の社債市場はいつまでたってもちっぽけな市場からは抜け出せないと思うがいかがだろう。

　やはり、社債のコベナンツや社債管理制度の改善は必要だし、それを通して負債間（銀行ローンと社債間）のパリパス性の改善が必要だ。加えて、外部格付けに過度に頼る投資判断や投資基準の打破も必要だ。過去の日本のメインバンク制の下での銀行ローンのように、とことん会社に付き合う必要まではないと思うが（かつては、メイン寄せ[19]などの慣行もあった）、適正なリターンを得られるのであれば、信用不安に陥った会社であっても、社債市場を通じて資金を供給することができるようになる必要はあろう。

19　他行が融資に消極的になっても、メインバンクは融資を継続しその融資比率があがること。

過去の取り組み（グローバル金融危機後の日証協社債懇）

　グローバル金融危機時に発生した社債市場の機能不全をきっかけに、日証協は、福井俊彦元日銀総裁を座長とし「社債市場の活性化に関する懇談会」（以下、社債懇）を 2009 年 7 月に立ち上げた。日証協社債懇[20]は、発行登録制度（有価証券届出書を提出することなく募集又は売出しが可能となる制度）を主に活用する現行の公募社債市場の活性化を目指した試みだ。それから7年後の 2016 年秋、亀の歩みのようにゆっくりではあったが、日証協社債懇は一定のゴールに辿り着いた。

　日証協社債懇がまとめた 2010 年 6 月の報告書「社債市場の活性化に向けて」では、本邦社債市場が抱える構造的かつ機能的な課題がまず整理された。そこでは、我が国社債市場は、欧米に比較し依然として小規模な市場に留まっているとされた。また、発行企業は、高格付けの一部大企業に留まっている上、投資家層も国内機関投資家中心で個人投資家への広がりこそ出て来たものの、海外投資家の参加は極めて限定的などの指摘がされた。どうだろう、第 1 章で示した日本の社債市場の現状が、10 年以上前の当時と全く変わっていないことが見て取れる。

　日証協社債懇では、当時の見方では克服可能とされた以下4つの検討課題につき部会が設置され、具体的な検討が行われた。
1 ）引受審査の見直し
2 ）コベナンツの付与及び情報開示
3 ）社債管理のあり方
4 ）社債の価格情報インフラの整備

　引受審査の見直しは、社債の機動的な発行とコンプライアンス・コストの軽減がその目的だった。同課題は、他の検討課題に比べれば比較的スムーズに検討が進み、早々に実務慣行の見直しが一部行われた。引受審査の見直しの成果は、「社債市場の活性化に向けた取組み」（2012 年 7 月 30 日）に記述されてい

20　2010 年 6 月 22 日に「社債市場の活性化に向けて」、2012 年 7 月 30 日に「社債市場の活性化に向けた取組み」が報告書として公表されている。

る。証券会社の引受審査における実務慣行の見直しについては、審査の枠組みや内容の見直しを定めたガイドライン(「証券会社による発行登録制度の下での社債の引受審査に関するガイドライン」)が2011年5月に取りまとめられ、証券会社に周知された。具体的には、機動的な社債発行を確保するため、社債の継続開示審査について、証券会社は原則として有価証券報告書提出時には「共通質問事項」などにより発行登録会社、監査人に確認を行うことになった。四半期報告書提出時には、社内において四半期報告書、発行登録会社のプレスリリース、格付情報その他公開情報を中心に審査等を行い、引受スタンスを更新する位置付けに審査の枠組みが変更された。また、元引受証券会社の金融商品取引法上の責任の明確化については、その考え方が整理され、それに基づき「財務諸表等に対する引受審査ガイドライン」が2012年5月に取りまとめられている。同ガイドラインでは、監査証明を信頼することができなくなるような疑わしい事象の有無の確認、引受判断を行うための留意事項、確認・検討すべき事項等がまとめられている。

　社債市場全体の活性化のためには、信用リスクが相対的に大きい企業が社債発行を拡大することが望ましい。そのためには、企業の資本・財務政策及び投資家のニーズに応じて社債にコベナンツが柔軟かつ適切に設定されると同時に、ローンなど他債務に付与されるコベナンツの情報開示が適切に行われ、それが社債の発行条件等に適切に反映されるような環境の整備が望ましい。社債へのコベナンツの付与に関しては、2012年9月に「コベナンツモデル(参考モデル)」が公表された。ローンに付与されるコベナンツの情報開示に関しては、2016年9月に「コベナンツの状況等に係る開示基準及び開示内容の例示等について(コベナンツ開示例示集)」が策定され公表された。こうした試みを通してコベナンツの付与と開示が促進されることを筆者は当時期待したが、実際には「コベナンツモデル(参考モデル)」は古文書のように埃をかぶったままで使われず、また、銀行ローンのコベナンツの開示も全くと言ってよいほど進まなかった。

　機関投資家向け公募社債は、「社債管理者」の設置が免除される券面1億円以上のいわゆるFA債が殆どである。そこで、投資家の裾野を拡大し、信用リスクが相対的に大きい企業の社債発行を促すためには、発行会社の財務内容等の

図表2−4 社債権者への情報伝達インフラ（概念図）

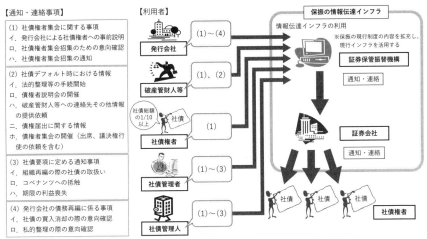

(出所) 日本証券業協会「社債権者への情報伝達インフラの整備について」(2014年3月24日) より抜粋

モニタリングやデフォルト後の債権保全・回収に関して社債権者をサポートする業務の担い手が必要だ。検討の結果、新しい制度「社債権者補佐人[21]制度」(BSA制度) が創設され、社債要項及び業務委託契約に規定すべき事項や具体的規定の内容が「社債権者補佐人制度に係る社債要項及び業務委託契約について」として2016年8月に公表された。しかし、苦労して作り上げたBSA制度だが、結局全く使われずに終わった。その後、社債管理の改善については、会社法の改正により、社債管理補助者制度が創設されることになる（後述）。

日証協社債懇の成果としては、証券保管振替機構（ほふり）を通した社債権者への情報伝達インフラの整備も行われた。社債権者が発行会社等からの情報に基づき投資判断を行うことを助けたり、社債権者の意思結集を容易にしたりするために、社債権者への各種情報の通知・連絡方法を整備するものである。具体的には、ほふりを通した社債権者への通知制度を大幅に拡充した。従来制度では「社債権者集会招集の通知」のみであったが、事前説明やその意向確認など、1) 社債権者集会に関する通知事項が拡充されるほか、2) 社債デフォル

---

[21] 検討段階では「社債管理人」と仮称されていたが、「社債権者補佐人」(Bondholder Supporting Agent (BSA)) とされた。

ト時における情報や、3）社債要項に定める通知事項、4）発行会社の債務再編に係る事項にまで、伝達できる情報が大幅に拡充された（図表2-4参照）。なお、ほふりによる社債情報伝達サービスは、2016年4月より施行されている。

このほか、社債の価格情報インフラの整備は、取引情報の公表などを通して社債価格の透明性を高め、市場の信頼性を確保することで社債流通市場の活性化に繋げるのがその目的だった。投資家からの批判も少なくなかった売買参考統計値の信頼性向上に向けた取り組みとして同制度の見直しが行われたほか、社債の取引情報の報告・発表制度も制定された（いずれも2015年11月2日より施行されている）。

従前からある価格情報インフラである売買参考統計値制度については、継続的に平均値から乖離した報告を続ける業者に日証協から報告・指導が行われる一部改善策が2011年4月から講じられた。また、2013年12月17日に関係規則の改正及びガイドラインが制定された上で、新しい売買参考統計値制度が2015年11月2日より施行されている。具体的には、算出方法の見直しや公表時間の繰り下げ、ウェブサイトでの説明の充実が実施され、信頼性の向上が図られている。

加えて、日本版TRACE[22]とも呼べる社債取引情報の報告・発表制度も創設された（図表2-5参照）。社債の実際の取引価格を公表する制度の導入は初めてで、意欲的な取り組みだ。ダブルA格以上（複数の銘柄／発行体格付けを取得）の銘柄で、額面1億円以上の取引に限定された取引価格の公表ではあるものの、市場の透明性向上に向けた取り組みの第一歩として評価できる。

その後、社債の取引情報の発表制度は拡充されている。具体的には、それまでダブルA格相当以上とされていた社債の取引情報の発表制度は、発行額が500億円以上[23]のシングルA格相当[24]（但し、除くシングルA－相当）以上に拡大された。拡充された制度は、2021年4月1日より施行されている。

なお、社債取引の透明性向上は、IOSCO（証券監督者国際機構）の報告書[25]

---

22 米国TRACE（Trade Reporting and Compliance Engine）のこと。社債の取引情報が市場参加者や個人投資家に提供されている。
23 但し、劣後債や残存20年以上のものを除く。
24 信用格付け業者から取得した格付けのうち最も高いもの。
25 "Corporate Bond Markets–Drivers of Liquidity During COVID-19 Induced Market Stresses" IOSCO, 06 April 2022.

図表2-5 社債の取引情報の報告・発表制度概要図

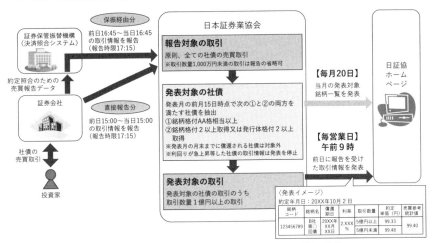

(出所) 日本証券業協会「社債の取引情報の報告・発表制度について」(2014年6月17日) より抜粋

にもあるように、国際的な流れとなっている。IOSCOは、情報の透明性が増して一般公共に入手可能な情報が増えれば、社債市場の価格発見機能が向上し、市場参加者の選択肢が増し、取引執行能力の評価もしやすくなるとみている。また、投資家の売買も活発化し、流動性も増すことになると考えている。勿論、発表制度の範囲拡大を全否定するつもりは毛頭ない。一方で、社債の取引情報の発表制度が施行されたからといって、日本の社債市場の場合は、IOSCOが指摘するような社債市場の活性化が目に見えて進んでいるとは思えないのもまた事実であることを、敢えて指摘しておきたい。

社債の発行条件決定プロセスの見直し

2021年より、より一層の透明性向上に向けた新しい社債の発行条件決定プロセスが始まっている (図表2-6参照)。こうした着実な改善を通し、社債市場が発行体・投資家双方にとってより使いやすいものになることを願ってやまない。

日証協は、「社債等の発行手続きに関するワーキング・グループ」において、

図表2-6　社債等の条件決定プロセスの見直し概要

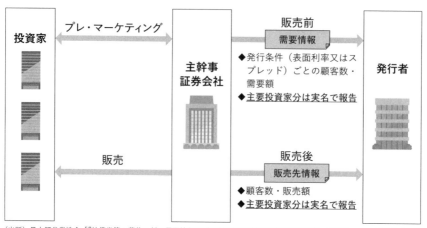

(出所) 日本証券業協会「『社債券等の募集に係る需要情報及び販売先情報の提供に関する規則』」の制定について（2020年11月18日）より抜粋

　社債の募集・引受を行う際の透明性向上策の検討を進めてきた。その成果として、社債の発行条件決定に際し需要情報・販売先情報を発行体に提供すること、及び同情報提供に係る社内規則整備を求める日証協の自主規制が2021年1月1日より施行された。同自主規制の導入により、社債の重複需要発生を防ぎ、価格透明性の高い起債運営が行われることが期待される。

　自主規制の主な内容は、リテンション方式・POT方式[26]にかかわらず、主幹事方式で発行される社債等[27]の需要情報・販売先情報について発行体に「主要な投資家の実名」を提供すること、並びに同情報を主幹事間で原則共有すること。実名が必要となる投資家の範囲は、主要な投資家（預金取扱金融機関、投資助言・代理業者、投資運用業者、投資法人、保険会社、中央公的）及び需要額又は販売額が10億円以上の者となる。同自主規制は、発行額100億円超の起債案件[28]が対象となっている。

---

[26] リテンション方式は、各主幹事証券が各々の引受金額に応じて投資家からオーダーを受け、約定・決済も各主幹事会社が実施する。POT方式は、投資家のオーダーを主幹事共通のブック（POT）で管理し、約定・決済も一元管理する。POTの情報は、発行体及び主幹事証券間で共有する。
[27] 個人向けを除く、事業債、地方債、財投機関債、投資法人債、サムライ債、ソブリン債。
[28] 100億円以下の起債案件は2021年7月1日より施行。

末席に加えてもらえた「社債市場の活性化」

　2022年6月22日、金融庁金融審議会「市場制度ワーキング・グループ」（座長：神田秀樹学習院大学大学院教授）は、「中間整理」を公表した。その中に、末席ではあるが「社債市場の活性化」の必要性も含まれた。「総合的（holistic）」な改革がキーワードとされ、「四位一体」（投資家／発行会社／市場仲介者／金融庁など当局）での改革が望ましいことが示された。

　金融審議会「市場制度ワーキング・グループ」では、持続的で力強い経済成長を後押しし、家計がその果実を享受するため、つまりは岸田文雄首相が唱える「成長と分配の好循環の実現」に向けた環境整備を、金融・資本市場から進める諸施策を検討している。その2021年10月から8回にわたる審議の内容が「中間整理」としてまとめられた。「中間整理」では、Ⅰ.成長・事業再生資金の円滑な供給、Ⅱ.経済成長の成果の家計への還元促進、Ⅲ.市場インフラの機能向上について必要な諸施策がまとめられたが、最後の項目、末席にⅣ.社債市場の活性化が入っている。社債市場関係者としては、大変喜ばしいことである。

　日本の社債市場では、上述したように、グローバル金融危機に際し、日証協に「社債市場の活性化に関する懇談会」が設置されて以降、様々な検討・取り組みが進められてきてはいる。しかし、「中間整理」が指摘するまでもなく、諸外国との比較において本邦社債市場の活性化はまだ道半ばだ。

　「中間整理」では、社債市場の活性化は「総合的（holistic）」に進められることが重要とされたが、筆者も同感だ。日証協社債懇に見られるように、これまでは、個別課題への対処を順次進めてきたが、これからは、社債権者保護、市場機能改革（現物市場のみならず、できればレポ市場やCDS（クレジット・デフォルト・スワップ）市場も）、クレジット市場全体（社債のみならず銀行ローンやシンジケート・ローンも）等の改革を総合的、一気に進める必要があるだろう。「中間整理」は、「関係者による適切な対応が行われるべき」と締めくくっている。

　【参考】筆者が2019年1月に実施したアンケート結果を見ても（図表2-7〜2-10参照）、大多数の投資家がHY債市場の創設・発展を望んでいる。しか

図表2-7 HY債市場の創設を望みますか？

図表2-8 HY債の起債が増加したとして投資を検討しますか？

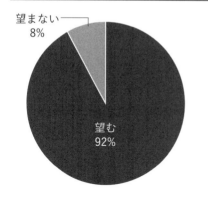

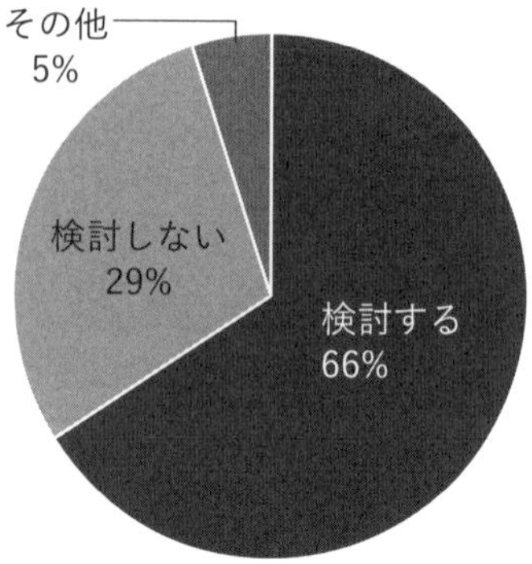

図表2-9 日証協社債懇の取り組みは、HY債創設に役立つと考えますか？

図表2-10 HY債市場の創設・発展に向け、最も努力すべき主体はどこですか？

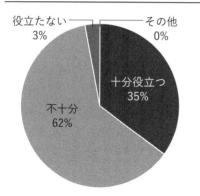
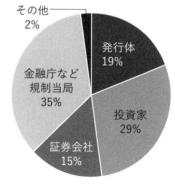

（出所）いずれも筆者が大和証券時代に実施したアンケート（2019年1月）

し、それに向けた取り組みはまだ十分ではなく、まさに「四位一体」（投資家／発行会社／市場仲介者／金融庁など当局）となった改革努力が必要なことが分かる。

日証協での検討が再スタート

　上記「中間整理」を受けた「市場制度ワーキング・グループ」では、社債市

場の活性化について、2023年9月15日に議論が行われた。同議論を踏まえ、日証協は、日本の社債市場の課題解決に向け、既存の会議体「社債市場の活性化に向けたインフラ整備に関するワーキング・グループ」を再編して検討を再開した。会議体は神作裕之学習院大学教授が主査を務め、証券会社、銀行、発行体、投資家、格付け会社、有識者からなる委員22名で構成されている。なお、金融庁、法務省、Fintech協会がオブザーバーとして参加している。

同ワーキング・グループでは、日証協社債懇で「コベナンツモデル（参考モデル）」を作成したものの古文書のように埃をかぶり殆ど利用されていない状況を改善すべく、社債の「コベナンツ付与の在り方」と、社債懇で苦労して作り上げたが一度も使われなかったBSA制度の後、会社法改正で創設された「社債管理補助者の活用」について検討が行われた。

以下、社債の商品性改善に向けた課題であるコベナンツ付与の在り方、社債管理補助者の活用の別に、その必要性について見てみたい。

コベナンツ（財務制限条項）の問題

社債権者は、社債にコベナンツ（財務制限条項）の適切な付与を行うことで、自らの権利を事前に保全することを真剣に考える必要があるだろう。こうした社債のコベナンツの問題は、今まで認識されてこなかった訳では決してない。古くて新しい問題である。

先に見たように、グローバル金融危機後に日証協に発足した「社債市場の活性化に関する懇談会」（座長：福井元日銀総裁）では、社債のコベナンツの問題が取り上げられた。その結果、2012年9月に「コベナンツモデル（参考モデル）」が策定され公表されている。同モデルは、市場慣行として、企業の資本・財務政策、及び投資家のニーズに応じコベナンツが柔軟・適切に設定されるために作成された。紐解けば分かるが、社債発行企業の一定の行為を規制する①追加負担制限コベナンツ、定期的に財務指標を確認する②財務維持コベナンツ、そしてこれらコベナンツの実効性を担保するための③レポーティング・コベナンツの実例が丁寧に記載されている。

しかし残念ながら、「コベナンツモデル（参考モデル）」は、古文書のように

埃をかぶり殆ど利用されていないのが実状だ（注：2023年9月にジャパンインベストメントアドバイザー［JIA］債で財務維持コベナンツが付与されたのは小さな光明だ）。今こそ、止まった時計の針を再度動かす時だと強く思う。

　近年、公募社債発行企業の株式非公開化が珍しくなくなってきた。ベネッセホールディングス、大建工業、JSR、プロテリアル（旧日立金属）、永谷園ホールディングス、そして古くは、ユニゾホールディングスやすかいらーくなどの事例に見るように、公募社債発行企業のLBO/MBO/EBO[29]などによる非公開化は既に珍しくはなくなっている。そして殆どの場合、後述するように短期的には既存社債権者にとってマイナスになる。しっかりとしたコベナンツ（例えばChange of Control：CoC条項によるプット・オプションなど）が付与されており、社債権者の補助を行う社債管理補助者（後述する）がいればいざ知らず、そうでなければ、社債権者は自ら投資判断（売却）をすることぐらいしかなすすべはないことから、何らかの対応が必要だろう。LBO/MBO/EBOなどによる非公開化後の社債の行方を、「発行体の意思と能力次第にしておくべきか？」と問われれば、筆者の答えは「No」である。やはり日本の社債にも適切なコベナンツの付与や社債管理の改善が必要だろう[30]。

　勿論、発行体の意思と能力次第で社債権者は事なきを得る。プロテリアルは、残存社債を会社が招集する社債権者集会により要項変更を決議した上で、オーバー・パーで繰り上げ償還した。また、2006年にMBOにより非公開化されたすかいらーくも同様で、当時の既存社債は、会社が招集した社債権者集会で要項変更を決議した上で、オーバー・パーで繰り上げ償還されている。なお、JCRのリリースによれば、ベネッセホールディングスも既存社債[31]に関して早期償還などの対応を行うことを検討しているようである。また、大建工業のように、信用の断然高い親会社（伊藤忠商事）に100％子会社化され事なきを得た事例も例外とはいえ存在する。

29　LBO：レバレッジドバイアウト、MBO：マネジメントバイアウト、EBO：エンプロイーバイアウト。
30　中部電力グループの不動産会社である日本エスコンは、2024年7月12日にCoC条項、社債管理補助者付きの社債をローンチしている（5年債　74億円）。親会社の信用力が強く反映された同社社債へのCoC条項付与は歓迎されるべきこと。CoC条項付与が他の銘柄に広がることを期待したい。
31　1回債50億円（5年債、2025年12月5日償還）、2回債50億円（10年債、2030年12月13日償還）。

しかし、こうした前例等からコベナンツなどがなくても大丈夫だと判断するのは間違いだろう。LBO/MBO/EBO を経て非公開化した発行体に、既存社債投資家に迷惑をかけたくないという「意思」と、早期償還を実施する「能力」が備わっていれば良いが、発行体にそうする意思も能力もない場合、社債権者は不利益を被ることになる。非公開化後も社債はそのまま残り、信用悪化の末、結局社債がデフォルトしたユニゾホールディングスの事例を思い起こしていただきたい。

ベネッセホールディングスのみならず、大建工業、JSR、プロテリアル（旧日立金属）、永谷園ホールディングス、すかいらーく、そしてユニゾホールディングスのいずれの事例でも、LBO/MBO/EBO により発行体が非公開化されることを誰が予想していただろう。社債の発行体が償還日まで、つまり 5 年、10 年という時間軸の間に何の変化もないと考えるのはもう時代遅れだ。大型 M&A の実施は勿論のこと、主要事業も含めた一部事業のカーブアウトから企業そのものの非公開化まで、社債権者に影響、それも悪影響を与え得る社債発行企業のコーポレートアクションは多様化し現実のものとなっている。

日証協「社債市場の活性化に向けたインフラ整備に関するワーキング・グループ」では、基本的に付与すべきコベナンツを定め、その付与に向けた実効性確保策が検討された。基本的に付与すべきコベナンツは、①Change of Control 条項（所有・経営権の移動、非上場化をトリガーとした償還請求権）と、②レポーティング・コベナンツ（特定事象発生時の社債権者への報告や財務指標の定期的報告）とされ、格付け水準（BBB 格以下の社債に付与を求める[32]）など一定の基準に応じた付与の在り方や、低格付け社債への付与を促すべく、実効性確保策（引受審査による対応）が検討された。

社債発行企業の非公開化と社債

社債発行企業の非公開化は殆どの場合、短期的には既存社債権者にとってマイナスになり得る。一般論と過去事例から、公募社債発行企業の非公開化と既

---

[32] BBB 格の場合は、BB 格への格付け低下時にコベナンツ効力が発生する形式も認める。

図表2-11　LBOスキームの一般的概要図

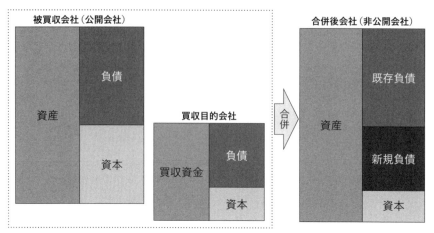

(出所) 大和総研作成

存社債権者への影響を考えてみたい。

　上述したように、社債権者は、社債発行企業の非公開化にあたり起こせる行動は限られていることをまず認識すべきだ。日本の社債は、相変わらずほぼ丸裸のままである。コベナンツと言えば、社債間限定の担保提供制限条項（いわゆるネガティブ・プレッジ［ネガプレ］）くらいしか付与されていないのが現実だ。

　一般論として、LBOなどによる公開会社の非公開化は、短期的には既存社債権者にとってマイナス面が大きい。買収資金に負債を活用すれば、財務レバレッジを上げることになる（図表2-11参照）。また、四半期開示が半期開示に変更になり、経営情報の開示頻度や質の低下が懸念されるほか、株主からの監視が弱まり経営に関する外部からのガバナンスも効き難くなる。そして、エクイティファイナンスという資金調達手段のハードルも上がる。このように、様々なマイナス面が指摘できる。勿論、こうしたマイナス面を上回る利点（市場の監視や報告義務から解放され、迅速かつ大胆に事業構造改革を実施し、かつ株主価値最大化のために財務レバレッジも活用する）があると考えるからこそ非公開化を選択する訳だが、その効果発現には時間がかかるし、その成否も短期的には判断が難しい。

図表 2-12 （旧）日立金属の LBO スキーム概要

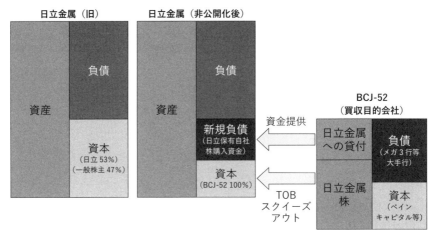

（出所）会社資料より大和総研作成

　具体的な過去事例を見てみよう。すかいらーくは2006年、MBOにより非公開化された。その際、既存社債は繰り上げ償還された。社債権者に迷惑をかけない配慮がなされた事例である。すかいらーくのMBOは、上記スキーム図（図表2-11参照）に示したような典型的なLBOスキームであり、財務悪化から当時の格付け（JCR）は、「A」から「A-」に1ノッチ格下げされた。その意味では既存社債権者にはマイナスだが、すかいらーく案件では、社債（11回債100億円、12回債100億円[33]）は、会社が招集した社債権者集会で要項変更を決議した上で、オーバー・パー（11回債100.945円、12回債102.59円）で繰り上げ償還がなされている。残存社債が計200億円と少額であったこと、買収者（野村プリンシパル・ファイナンス及びCVCアジア・パシフィック・ジャパンが助言するファンド）に資金調達能力があったこと、公募社債を償還すれば開示義務から解放されることなどから、社債権者に迷惑をかけない配慮がなされたものと推察される。

　最近の事例であるプロテリアル（旧日立金属）もしかりである。旧日立金属

33　11回債　平成15年5月22日発行　5年債クーポン0.63％、12回債　平成17年5月27日発行　5年債クーポン0.74％。

は、2023年、ベインキャピタルら[34]ベンチャーキャピタルによるLBOを経て非公開化され、プロテリアルとなり再出発した（図表2-12参照）。こうした株主の変更は社債権者（残存社債計400億円）にとっては寝耳に水状態で、プロテリアルは複数ノッチ格下げされた（R&I格付けは「A＋」から「A－」に）。しかしその後、プロテリアルの残存社債計400億円（31回債150億円、32回債150億円、33回債100億円）は、社債権者集会決議と裁判所認可を経て、無事オーバー・パー[35]で繰り上げ償還されている。

　ユニゾホールディングス（ユニゾHD）は、2020年6月、EBOの末に非公開化された。既存社債はそのまま残り、発行体の信用力悪化懸念により、その後、格付け、市場価格ともに大幅な低下に見舞われた。そして最終的には2023年4月26日、ユニゾHDは東京地裁に民事再生法の適用を申請して破綻した。結果、残存公募社債（発行額610億円）はデフォルトとなった。ユニゾHDのケースでは、買収目的会社（チトセア投資）とユニゾHDの合併は行われていない。しかし、ユニゾHDとその株を100％保有しているのみと思われるチトセア投資は実質的に一体と見るべきで、チトセア投資の負債等は実質的にユニゾHDが負っていた。実際、ユニゾHDからは多額の配当がチトセア投資に対し行われており、ユニゾHDの債権者からすれば、チトセア投資の財務活動が優先されていると感じられた。特段のコベナンツもなく、期限の利益を会社（ユニゾHD）に与えてしまっている社債権者のなすすべは、残念ながら殆どない状態だった（社債管理者不設定債の場合、社債権者の権利要求の実現は一筋縄ではいかない）。

　公募社債発行企業がLBO/MBO/EBOを通して非公開化される事例はもう珍しくはなく、その可能性はこれからも高まろう。上述したすかいらーくやプロテリアルのように既存社債権者に配慮した前例がない訳ではないが、LBO実施などを想定したコベナンツが付与されていない今、殆どのケースで非公開化は、「短期的」に既存社債権者にとってマイナスとなり得る。社債権者は、その時に備え、しっかりと頭の体操をしておくべきだろう。

---

[34] ベインキャピタル、日本産業パートナーズ（JIP）、ジャパン・インダストリアル・ソリューションズ（JIS）が運営するファンド。買収目的会社はBCJ-52。
[35] 元本に早期償還日以降から変更前償還日までの利息相当額を加算する。31回債100.07円、32回債100.6993円、33回債102.1175円。

● コラム ●

銀行ローンのコベナンツ開示制度

　ようやく銀行ローンのコベナンツ（ここでは財務上の特約）開示基準が決定した。金融庁は2023年12月22日、「企業内容等の開示に関する内閣府令」（開示府令）等の改正案に対するパブリックコメント（パブコメ）の結果を公表した。曖昧だった開示基準が数値基準の設定により明確化され、基準を満たす銀行ローンのコベナンツ開示が義務化されることは歓迎したい。

　しかし、今般設定される基準でどの程度の銀行ローンのコベナンツが開示されることになるのか、その有効性はまだ正直分からない。パブコメを経て臨時報告書での開示閾値が当初案に比し高くなってしまった（銀行ローンの元本が連結純資産の3％以上⇒10％以上に）こともあり、なお更だ。開示が骨抜きとなっては意味がない。2025年度の開示開始で銀行ローンのコベナンツがどの程度明らかになるのか、まずは期待して待つことにしたい。なお、開示府令は2023年12月22日に公布され、2024年4月1日より施行されるが、臨時報告書は2025年4月以降、有価証券報告書は2025年度より開示ルールが適用になる。

　開示府令には、2022年6月に公表された「金融審議会ディスクロージャーワーキング・グループ報告」で開示義務化が求められた銀行ローン（含む社債[36]）のコベナンツ開示基準も含まれている。報告書では、日本のコベナンツ開示が諸外国に比べ遅れていること、また、企業間の開示内容にも相当の幅が生じていることから、まずは、特に重要性が高いと見込まれるコベナンツについて、非財務情報として開示されることが適切とされた。開示基準の案が明らかになるまでの検討状況は、外からは全く窺い知れなかったが、金融庁内で業界団体などの意見を聞きながら検討が進められていたようだ。できれば外部から見える形で検討を進めてほしかったが今と

36　公募社債の場合は、有価証券届出書や発行登録書でコベナンツは既に開示されている。

なっては仕方がない。

　今後は、今般決まった開示基準に基づいて、臨時報告書又は有価証券報告書で銀行ローンのコベナンツ開示が義務化される。社債については、既に有価証券届出書や発行登録書でコベナンツ開示がなされているが、銀行ローンについては現行の開示基準が曖昧で[37]、開示が進んでいない。グローバル金融危機後に行われた日証協社債懇でも、銀行ローンのコベナンツ開示改善に取り組んだが、自主的開示を求めるコベナンツ開示例示集の作成までに留まった経緯がある。そして、残念ながら同例示集は全く活用されておらず、自主開示は進んでいない。

　具体的には、コベナンツの付された銀行ローンの元本が連結純資産の10％以上の場合に（注：案の段階では3％以上であったが、パブコメを経て閾値が上がってしまった）、ローン契約の概要やコベナンツの内容[38]を明らかにした臨時報告書の提出が求められることになる。また、コベナンツ内容の変更や抵触時にもその旨を記した臨時報告書の提出が求められる。一方、有価証券報告書には、同種のコベナンツが付された銀行ローン／社債の合計残高が連結純資産額の10％以上である場合にローン契約／社債概要、そしてコベナンツの内容の開示が求められることになる。臨時報告書は2025年4月以降、有価証券報告書は2025年度より同開示ルールが適用になる。

　コベナンツの開示基準が数値基準の設定により明確化されるのは歓迎される。但し、正直、同開示基準がどの程度有効なのかは、銀行ローンに付与されるコベナンツが見えていない我々社債側からは測り兼ねる。当初案時点での金融庁への筆者取材によれば、3％[39]、10％という線引きは海外事例や業界団体との意見交換を受けて設定したとのことであった。勿論、社

---

[37] 日本会計基準では、「利害関係人が会社の財政状況、経営成績及びキャッシュフローの状況に関して適切な判断を行う上で必要な場合」に開示することになっているが、開示は進んでいない。
[38] 提出会社の財務指標があらかじめ定めた基準を維持することができないことを条件として期限の利益を喪失する旨の特約に限られる。
[39] 臨時報告書提出の基準が連結純資産額の3％とされたのは、現行基準（経営に与える著しい影響として損益影響が連結純資産の3％以上かつ最近5年間の当期純利益平均の20％以上に相当する額の場合とされている）がもとになっていると推察される。

債側にも意見は聞いているようではあるが、こちら側からは銀行ローンの具体的内容が見えていないので、線引きの数値については発行体や銀行側との協議の上で決められたと推察される。また、パブコメを経て臨時報告書での開示閾値は10%に上がることになったが、金融庁が公表したパブコメ結果を見ると、発行体側からの要望により閾値が上がったことが分かる。

同開示基準は決まったが、実際に開示が始まるのは2025年度とまだ先だ。よもや決まった開示基準を満たさないように恣意的に銀行ローン契約を小分けにしたり、コベナンツを変更したりすることはないと思うが、どの程度の銀行ローンのコベナンツが開示されるかは、実際に開示が始まってみないと分からない。まずは2025年度の開示開始を期待して待ちたいが、開示の有効性が認められないような基準であれば、変更を求める必要があるかもしれない。

社債管理の問題（社債管理補助者をスタンダードに）

社債の商品性改善には、社債管理の問題を解決することも必要だ。日証協社債懇の成果として法改正の必要のないBSA制度を作ったが、結局全く使われることはなかった。その後、社債管理の改善については、会社法の改正により、社債管理補助者制度が創設されることになる。

社債管理補助者を設置した社債をスタンダードにすることを筆者は提案したい。社債管理補助者は、社債のデフォルト前後を平時・有事に例えれば、債権の届出や委託契約の範囲内での弁済の受領など主に有事対応を社債権者に代わって行う。しかし、それだけではなく、社債権者の請求により社債権者集会を招集する権限を有するなど、平時においても相応の役割を有する。

2021年3月1日に施行された改正会社法により、新しい社債管理の担い手である「社債管理補助者制度」ができた。社債管理補助者制度は、法が強制的に保護すべき投資家は社債管理者を通じて手厚く保護（社債管理者設置債）する一方で、自衛できる投資家はほったらかし（FA債）、といった両極端の状況を改善する目的で創設された。現在のFA債に代わり、任意で「社債管理補助者」

を定め、社債権者のために社債管理の「補助」が委託される（図表2-13参照）。社債管理補助者の設置が義務付けられればよかったのだが、残念ながらそうはならず、発行会社の「任意」での設置となる。

社債管理補助者が設置されれば、デフォルト後に社債権者が右往左往する現状は改善される。また、平時においても、社債権者の請求により社債権者集会を招集する権限など相応の役割も有するようになる（図表2-14参照）。

筆者は、10分の1未満[40]の社債権者からの請求に基づく他の社債権者への社債権者集会招集の確認業務と、その結果、1/10以上を有する社債権者からの請求による社債権者集会の招集権限に着目している。社債管理補助者が存在すれば、公募社債発行企業が（LBO/MBO/EBOにより）非公開化されることが明らかになった場合や、銀行ローンに担保が付されることが明らかになった場合などに、発行体に対して、他の社債権者と一緒になって社債権者集会の招集を通してコレクティブ・アクション（集団行動）を取ることが可能になる。現在のFA債では、多くの社債権者が株式の非公開化や銀行ローンの担保徴求に不満を持っていても、社債権者間の見解を集約しまとめるすべがない。社債権者は、こうしたコーポレートアクションによる不利益を指をくわえて見ているだけで、結果的に甘んじて受け入れなければならないが、社債管理補助者が存在すれば、こうした現状を改善できる。しかし残念ながら、社債管理補助者の設置は「任意」である。今こそ、投資家の皆様のコレクティブ・アクションが必要な時だと思うがいかがだろう。

なお、社債管理補助者の役割は、現行の社債管理者[41]に比して限定されているので、設置コスト・担い手の面で社債管理者よりも低廉化・拡大（銀行・信託会社に加え、弁護士・弁護士法人が加わる）することが期待される。

日証協は2021年6月16日、社債管理補助者制度が社債市場で円滑に利用されるべく、社債管理補助者制度に関する実務検討部会の結果として、報告書「社債管理補助者制度に係る実務上の対応について」を取りまとめている。同報告書では、社債管理補助者に期待される業務内容、必要な権限等に関する議論

---

40 発行社債各回号の総額面に対する割合のこと。X回債の発行額が100億円であれば、10億円の額面を保有する社債権者が集まれば1/10以上となる。

41 社債管理を行う上で必要な一切の裁判上又は裁判外の行為をする権限を有している。

図表2-13　社債管理機関のフローチャート

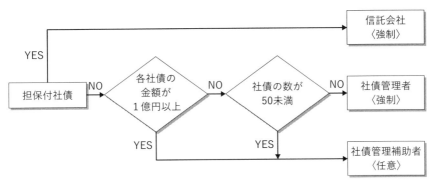

(出所)法令、要綱に基づき大和総研作成

図表2-14　社債管理補助者の権限と業務

【補助者の基本的業務に係る権限】
・破産手続、民事再生手続及び会社更生手続において債権の届出を行う権限
・清算手続において債権の申出を行う権限
・社債権者集会を招集する権限(社債の未償還残高の10分の1以上を有する社債権者から請求があった場合、自らの辞任に係る同意を得るため必要な場合のみ)
・代表者若しくは代理人を社債権者集会に出席させ、又は書面により意見を述べる権限(社債権者集会が特別代理人の選任について招集された場合を除く)

【補助者の基本的業務】
・破産手続等への参加(総額での債権届出)
・清算手続における債権の申出
・社債権者集会の招集及び社債権者集会決議の裁判所への認可申立て手続
・社債の管理に関する事項の社債権者への報告
　①合併等の組織再編に係る個別催告に関する事項
　②組織再編の際の社債の取扱い
　③期限の利益喪失事由の発生
　④期限の利益喪失
　⑤10分の1未満の社債権者からの請求に基づく他の社債権者への社債権者集会招集の意向確認
・社債要項及び社債管理補助委託契約書の備置

(出所)日証協「社債管理補助者制度に係る実務上の対応について」概要資料より抜粋

の結果、社債管理補助者制度に関する社債要項及び業務委託契約書への規定例を示している。よって、社債管理補助者制度の活用準備は整っている。報告書は結びで「同制度の普及が社債の発行会社の多様化や投資家の裾野拡大に繋がり、我が国社債市場の活性化に資するものとなることを期待する。」と記している。

【参考】報告書「社債管理補助者制度に係る実務上の対応について」の主な内容
・検討の経緯
・社債管理補助者制度の概要
・検討の基本的な考え方
・社債管理補助者の権限
・社債管理補助者の業務
・社債管理補助者の義務・責任
・社債管理補助者の費用・報酬
・社債管理補助者の業務終了事由
・結び

　せっかくできた新しい制度も、活用されなければ意味はない。発行体には、自社が破綻し社債がデフォルトする可能性などないので設置の必要はない、などと言わないようにしてもらいたい。また、投資家には、FA債ではなく社債管理補助者設置債を選好するようにしてもらいたい。幸い、1号案件は無格付けの発行体（後述するジャパンインベストメントアドバイザー）で実現したが、筆者はむしろ、格付けの高いピカピカの社債発行体にこそ、積極的に社債管理補助者を活用してもらいたいと考えている。そうなれば、社債管理補助者の設置が、いわばデファクト・スタンダードとなり得るからだ。「FA債」が役割を終え、「社債管理補助者債」の時代が来てほしい。

投資家は社債管理補助者制度の活用を要望～アンケート結果より

　長らく放置されてきた日本の社債の商品性欠陥改善のため、「まずは社債管理補助者付き社債をスタンダードにしたい」と筆者は提案している。そうすれば、社債権者に不利益が生じそうになった際に、発行体への要求を社債権者集会の開催を通じて発行体にぶつけることが可能になるからだ。
　しかし、同提案はあくまでも筆者個人の独りよがりのものであり、投資家の皆様がどう思っているのかがより重要だ。そこで筆者は、「社債管理補助者」制

図表2−15　社債管理補助者制度に関する投資家向けアンケートに回答いただいた投資家の業態分布

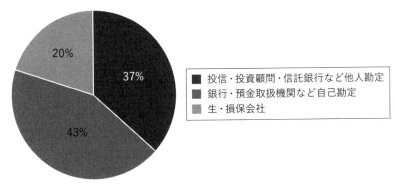

（出所）筆者が大和証券時代に実施したアンケート（2024年1月）

度の活用に関する投資家アンケートを実施した。それによれば、アンケートに答えていただいた投資家の殆ど、約9割の投資家が社債管理補助者の設置が必要と回答した。

勿論、現行の機関投資家向け社債の殆どを占めるFA債に満足しており、社債管理に改善の必要性を感じない投資家はそもそもアンケートに回答しなかった可能性もある。よって、同結果が投資家の総意だと言い切るつもりはない。一方で、以下紹介するように、現行のFA債に満足している投資家も社債管理補助者設置の必要性を支持していること、また、回答していただいた投資家の業態バランスも決して偏っていないことから、投資家の意見を可視化し一定程度反映した結果が得られたと感じている。アンケート結果が、社債の発行体や証券会社の引受部門に響くことを期待している。上述したが、格付けの高いピカピカの社債発行体にこそ積極的に社債管理補助者を活用してもらいたいと考えている。そうなれば、社債管理補助者の設置が、デファクト・スタンダードとなり得るからだ。

【参考】アンケートの概要（合計60名の投資家が回答）

社債管理補助者制度に関する投資家向けアンケートは、筆者が大和証券所属時代に投資家（注：特定投資家）向けに2024年1月18日から24日の期間で実

図表 2-16 現在の社債管理への満足度

【問い】現在の社債管理者の付かない機関投資家向け社債（いわゆる、FA 債）の社債管理状況に満足していますか

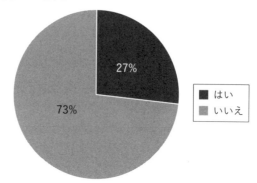

（出所）筆者が大和証券時代に実施したアンケート（2024 年 1 月）

施した。設問は、現状の機関投資家向け社債（いわゆる、FA 債）の社債管理の満足度、「社債管理補助者」制度の認知度、「社債管理補助者」の業務・権限を踏まえた上での同補助者設置の必要性を問うもので、合計60名の投資家が同アンケートに回答してくださった。回答していただいた投資家の業態はバランスよく分散されている（図表 2-15 参照）。

現状の社債管理の状況（いわゆる、FA 債）には満足しておらず

出発点としてまず、現在の社債管理者の付かない機関投資家向け社債（いわゆる、FA 債）に対する満足度を聞いた。結果は、約3/4の投資家が満足していないとの回答だった（図表2-16参照）。満足していないとの回答者には、具体的な理由を記入いただいたが、大きく分けて2つの理由が挙げられた。一つは、社債デフォルト時の回収業務が困難かつ煩雑となること、そしてもう一つが、銀行ローンとのパリパス性を保つことがFA債では困難なことだ。発行体の信用が悪化した時に、社債権者が銀行に劣後すること、具体的には銀行がローンに担保徴求を行った際に意見表明ができない点を挙げる意見が多かった。

図表 2–17 「社債管理補助者」制度の認知度

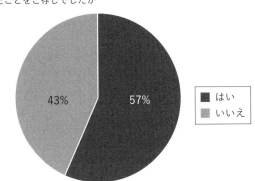

【問い】改正会社法（2021年3月1日施行）で「社債管理補助者」制度が創設されたことをご存じでしたか

(出所) 筆者が大和証券時代に実施したアンケート（2024年1月）

苦労して作った「社債管理補助者」制度の認知度は高くない

次に、改正会社法（2021年3月1日施行）で「社債管理補助者」制度が創設されたことを聞いたが、残念ながらその認知度は6割程度で、決して高いものではなかった（図表2–17参照）。同制度が創設後長らく埃をかぶり、2023年9月のジャパンインベストメントアドバイザー債での初活用まで使われてこなかったことからも頷ける。筆者はクレジットアナリスト時代、レポートを通じて同制度を度々紹介し、また、法改正過程ではセミナーの開催を通して認知度向上に一役買ったつもりであっただけに残念な結果だった。関係者が努力し、法改正までして創設した制度である。今回の結果を真摯に受けとめ、「社債管理補助者」制度の認知度向上に再度取り組む必要がありそうだ。

殆どの投資家が社債管理補助者の設置が必要と回答

現行の社債管理制度の満足度、「社債管理補助者」制度の認知度を確認した上で、本題である同制度活用の必要性を聞いた。なお、アンケートでは、「社債管理補助者」の基本的業務と権限を記述し、それを踏まえた上で回答をお願いした。結果は上述したように、殆どの投資家が社債管理補助者の設置を必要と回答した（図表2–18参照）。「強く」必要との意見も4割に上り、また、現状の

図表 2−18 「社債管理補助者」制度活用の必要性について

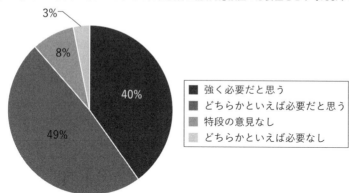

(出所)筆者が大和証券時代に実施したアンケート(2024年1月)

　FA債に満足していると回答した投資家の多くも同制度の活用が必要と回答した。同設問では、自由意見も記入いただいたが、社債管理補助者設置のコスト負担の問題(発行体にとってのメリットが必要との意見や、同コストが投資家に転嫁されるのなら不要との意見も)を指摘する意見や、社債管理の問題のみならずコベナンツ付与も併せて考えるべきだとの意見もあったことを付言しておく。

●コラム●

東芝事例から見る丸裸のFA債（社債管理者不設置債）

　FA債が丸裸であることを示す例として、東芝の事例を紹介したい。東芝が信用不安に見舞われていた2017年4月、社債管理者の付く個人向け社債に担保設定がなされる一方で、機関投資家向けのFA債は無担保のまま残された（図表2-19参照）。勿論その後、東芝の全ての公募社債は約定通りしっかり償還され事なきを得てはいるものの、社債管理者の付く社債と付かないFA債で、保全措置に大きな差が出る事例となった。

　東芝は2017年4月28日、「株式会社東芝無担保社債の担保権設定に関する公告」を発表した。当時残存する個人向け社債57回債と60回債に担保権（第一順位の質権）を設定した。57回債300億円には三井住友銀行にある東芝の定期預金300億9,300万円が、60回債300億円にはみずほ銀行にある同じく定期預金301億8,000万円が担保設定された。担保額は元本に加え、利金分を加えた額となっている。個人向け社債には手厚い保全措置がなされたことになる。

　一方、FA債は無担保のままで、残存社債間でも社債管理者の付く個人向けと付かない機関投資家向けで保全措置に大きな差が出ることとなった。社債要項を紐解けば分かるが、東芝債を含め一般的に個人向け社債には担保付社債への切換条項が付いており（いわゆる担付切換条項）、発行体と社

図表2-19　東芝の当時の残存社債一覧

	発行年月日	償還日	年限（年）	利率（％）	発行総額（百万円）	
第57回無担保社債	2013/7/26	2017/7/26	4	0.62	30,000	担保付社債に
第51回無担保社債	2010/12/15	2017/12/15	7	1.22	30,000	
第55回無担保社債	2013/5/30	2018/5/30	5	0.75	60,000	
第60回無担保社債	2014/7/25	2018/7/25	4	0.4	30,000	担保付社債に
第59回無担保社債	2013/12/11	2019/12/11	6	0.567	30,000	
第56回無担保社債	2013/5/30	2020/5/29	7	1.06	10,000	
第52回無担保社債	2010/12/15	2020/12/15	10	1.68	20,000	

（出所）大和証券調べ

債管理者との協議の上、担保権の設定が可能だ。一方、FA債はといえば、同順位社債への担保提供制限（いわゆるネガプレ）[42]こそ付いているものの「担付切換条項、が特約されている無担保社債は除く」もしくは「社債管理者が設置されている無担保社債を除く」とあるのが一般的で、個人向け社債に担保設定がなされても、自動的にFA債に担保設定がなされることはない。つまり、FA債に担保設定を求めるならば、社債権者集会を発議し、条件変更を行う必要がある。やはり、FA債は債権保全措置の意味ではかなり劣った社債であることが、実例をもって示された。

現在は、機関投資家向け公募社債はFA債が殆どだ。発行体は社債管理者設置のコストを抑えられるし、投資家も社債管理者の有無が債権保全の面で有意に差が出るとは思っていない節がある。ちなみに、国内初のFA債は、1995年9月に当時のソフトバンクが発行した公募普通社債500億円だ。会社法702条では、会社は、「社債を発行する場合には、社債管理者を定め、社債権者のために、弁済の受領、債権の保全その他の社債の管理を行うことを委託しなければならない」とされている。ところが、各社債の金額（券面）が1億円以上である場合等[43]は社債管理者の設置が不要となる（会社法702条但し書き）（前掲図表2-13参照）。

社債管理者が未設定であるFA債は、さしたる「財務上の特約」も付されていないのが一般的。東芝事例に見るように、ネガプレは付いているものの、社債管理者設置債は除かれているのが実状だ。したがって、投資家は発行体の財務状況のモニタリングという意味でも、社債権者の権利保護の意味でも、文字通り「自己責任」を問われる。

42　同順位社債に担保設定がなされた場合には同順位担保権の設定がなされることになる。
43　社債金額を券面で割った数が50を下回る場合も社債管理者の設置は不要。

【参考1】社債管理者の担い手の利益相反懸念？　について

社債発行体のメインバンクが担うことが一般的な社債管理者に関しては、貸し手としての立場と社債管理者としての立場で、利益相反が生じるとの懸念が常にある。しかし、東芝の事例を見る限り、社債管理者がメインバンクであっ

たがために、社債の保全が適時適切に行われた可能性があることは興味深い。東芝の個人向け社債の社債管理者は、三井住友銀行、みずほ銀行、三菱UFJ銀行、そして三井住友信託銀行、すなわち、当時の東芝のメイン・準メイン行だ。そして、個人向け社債の担保付きへの切換は、銀行ローンへの担保権設定が行われた時期と符合する。つまり、社債管理者を務めるメイン・準メイン行は、もしローンにのみ担保が付されて、個人向け社債をそのままとすれば、社債管理との利益相反を問われる可能性があった。したがって、担付切換条項が付いている個人向け社債に社債管理者として担保権設定を求めたのではないか、というのが筆者の見立てだ。メインバンクが社債管理者を担うことは、あながち悪いことではなさそうだ。

【参考2】何故FA債のネガプレから個人向け社債は外される？

　東芝事例を見て、疑問に思った方はいないだろうか。そう、せっかくFA債には社債間同順位の担保提供制限条項（ネガプレ）がついているのに、その対象から個人向け社債（＝社債管理者設置債）がわざわざ除かれているのだ。本除外がなかりせば、FA債にもすべて担保設定がなされたことになる。これには、どうやらテクニカルな理由が存在するようだ。古い資料だが、日証協「社債市場の活性化に関する懇談会第3部会」第2回（2010年9月10日開催）資料「社債管理者について」（株式会社三井住友銀行証券ファイナンス営業部作成）を紐解くと、そこに以下の記述が存在する。「FA債は、担保の受託会社の選定、担保物の承認等全て社債権者集会が必要であり、招集通知発送から担保設定までに相当の時間が必要であること（及びその間、発行会社は風評リスクに晒されること）等の理由から、担付切換を前提にすることができず、従前「財務制限条項」として定められていた条項を全て外す現在の形態が主流となりました」（上記資料より筆者抜粋）。やはり、FA債には課題がありそうだ。

社債市場変革に向け一石を投じる案件～JIA債

　「あっぱれ！」、こんな社債が国内市場で起債されるのを筆者は待っていた。2023年9月、無格付け、財務維持コベナンツ付き、社債管理補助者付きの公募

債（JIA債）案件がとうとう実現した。「BB格」で公募社債市場に復帰したアイフルに続く起債案件[44]が一向に現れる気配がないことを嘆き、社債の商品性（コベナンツや社債管理）改善を、と筆者は繰り返し叫んできた。いきなり無格付け、というところはやや早急感もなくはないが、このような起債が実現したことの意義は大きい。

"The IG市場"から"シングルA格以上市場"へと成り下がり、様々なリスクを提供し、売買の活発な厚みのある理想的な社債市場とは真逆の方向に向かっている日本の社債市場の変革に向け、一石を投じる案件になったことは間違いない。

航空機オペレーティング・リース事業など金融ソリューション事業を行う東証プライム上場企業のジャパンインベストメントアドバイザー（JIA）は2023年9月13日、公募社債35億円の条件決定を行った（2年債、利率1.6％）。同社は格付けを取得しておらず無格付け。また、通常一般的な社債間限定のネガプレの他に、財務維持コベナンツが付与されている。具体的には、純資産維持条項（前事業年度比75％）と利益維持条項（営業利益の確保）が付与された（いずれも、中間期と期末時点）。更に、社債管理上丸裸のFA債ではなく、2021年3月1日に施行された改正会社法により新しく制度化された「社債管理補助者」が初めて設置された（みずほ銀行が務める）。

一度発行体に期限の利益を与えてしまえば、その後は売却以外殆どなすすべがない通常の社債とは大違いである。定期的に財務指標を確認し発行体の財務健全性維持が図られる上、社債管理補助者の存在により社債管理上もFA債に比し安心だ（平時は事業報告が社債管理補助者を通じて社債権者に届くし、デフォルトなど万一の際には社債権者を代理した活動を社債管理補助者が実施する）。

コベナンツの付与にしろ、社債管理補助者の設置にしろ、やろうと思えばできることを、JIA債の実現は教えてくれた。

---

44 現在は投資適格級だが、2019年5月末に公募社債市場に戻ってきたときはダブルB格であった。

図表2-20　格付け

日系		外資系		
JCR	R&I	MDY	S&P	
AAA	AAA	Aaa	AAA	高い
AA +/−	AA +/−	Aa 1/2/3	AA +/−	↑
A +/−	A +/−	A 1/2/3	A +/−	投資適格
BBB +/−	BBB	Baa 1/2/3	BBB +/−	
BB +/−	BB +/−	Ba 1/2/3	BB +/−	信用力
B +/−	B +/−	B 1/2/3	B +/−	投機的格付
CCC +/−	CCC	Caa 1/2/3	CCC	
CC	CC	Ca	CC	↓
C	C	C	C	低い
D			D	

（出所）各格付け会社資料より大和証券作成

信用格付けの有効活用に向けた課題

　日本の社債の商品性の課題と、それに対するこれまでの対応について見てきた。それだけではなく、社債市場のインフラの一つである信用格付けの活用についても、日本の場合は課題を抱えていると筆者は考えている。

　「格付け」（図表2-20参照）は、社債投資に欠かせない道具の一つ。格付けは社債市場のインフラとしてしっかりと根付いており、社債発行企業の足元の信用状況を把握したり、他社比較したりする上で便利であることに異論はない。但し、格付けは便利な道具である反面、その使い方を間違えると思わぬリスクを取ることになり、逆に投資の足枷、つまり機会損失を生むことにもなりかねない。格付けの特徴を十分理解した上で、上手に格付けを使いこなし、格付けと付き合っていただきたい。便利さ故に、間違った格付け使用をしていないか、格付けに囚われ過ぎて投資の機会損失を起こしていないか、今一度確認をしてもらいたい。

　格付けはあくまでも社債投資の成果を得るための「道具」にすぎない。間違った道具の使い方をして、みすみす投資の機会を逃したり、思いがけないリス

クを取ることがないようにしたいものだ。以下に格付けの代表的な特徴（"いろは"と言っても良い）を紹介しておく。

① 格付けは期間の概念が乏しい（誤用には気をつけたい）
② カバレッジ差が存在する（投資判断に使う格付け会社を選択したい）
③ 符号が同じならどの格付け会社もリスクは同じ？（符号を比べても意味はない）
④ 格付けには動的特長（格上げ／格下げ）がある（同特徴を踏まえ投資判断を）

① 格付けは期間の概念が乏しい

　格付けが同符号、例えば「A」なら、5年債も20年債も信用リスクは同じだろうか？　マイナス金利政策導入によるイールド・ハンティング需要増から20年社債に代表される超長期社債の発行が顕著に増えた。超長期社債は、かつては「ダブルA格＆インフラ企業」の専売特許領域であったが、マイナス金利政策下では、シングルA格の様々な業種（不動産、化学、運輸、商社、石油[45]）にまで発行企業が広がった。

　シングルA格の20年社債に投資家の需要が集まった背景には、「同格付け水準なら期間を長期化しても信用リスクは変わらない」という「思い込み」があったのではないかと筆者は危惧している。投資家が金融機関であれば、シングルA格社債ならリスクウェイトは年限にかかわらず50％（注：標準的手法）という自己資本比率規制上のルールが、より広い投資家であれば、投資対象はシングルA格以上などの既存投資規程が関係している可能性があるのだろう。ルールや規程を遵守しつつ利回りを稼ぐために、長期化が選択されやすいことは容易に想像がつくし、無理もない投資行動ともいえる。シングルA格社債の投資対象年限を長期化するのか、もしくは、格付け規程を変えたりリスクウェイトを上げたりしてまでトリプルB格社債投資を考えるのか、と問われれば、前者を選択するほうが容易だからだ。

45　野村不動産、森ビル、イオンモール、三菱ケミカルHD、DIC、住友化学、ANAHD、名鉄、京急、東武、阪急阪神HD、豊田通商、旧JXHDなど。

図表2-21　平均累積デフォルト率(ゾーン別、累積年：1年〜10年)

(%)

	1年後	2年後	3年後	4年後	5年後	6年後	7年後	8年後	9年後	10年後
AAA	0.00	0.00	0.00	0.00	0.00	0.13	0.26	0.26	0.26	0.26
AA	0.00	0.00	0.00	0.00	0.05	0.11	0.16	0.28	0.40	0.53
A	0.04	0.11	0.19	0.31	0.41	0.50	0.64	0.80	0.94	1.07
BBB	0.10	0.29	0.47	0.70	0.99	1.30	1.58	1.80	2.05	2.28
BB	1.98	3.49	5.21	6.43	7.25	8.09	9.25	10.43	11.29	12.06
B以下	8.52	13.90	17.96	20.22	22.49	23.87	25.75	26.70	27.66	28.62

<0.1%≦　　<0.5%≦　　<1.0%≦　　<5.0%≦

(出所) R&I (2023年6月30日公表データ) より大和総研作成

図表2-22　平均累積デフォルト率の線形回帰

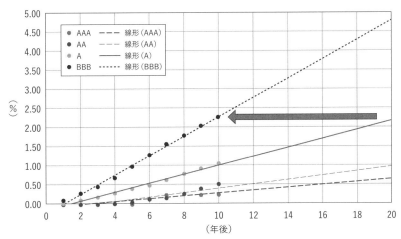

(出所) R&I (2023年6月30日公表データ) より大和総研作成

　しかし、やや冷静になって考えてみれば、シングルA格社債の5年間の信用リスクと、20年間の信用リスクは全くの別物だ。「格付け符号」はシンプルなのはありがたいが、時間の概念が欠落していることには注意が必要といえる。各格付け会社は、こうした格付け符号の「弱点」を補うために、格付け別平均累積デフォルト率のデータを開示している。R&Iのデータを使って平均累積デフォルト率を見てみれば、シングルA格10年後(1.07％)とトリプルB格5

〜6年後（0.99〜1.30％）の確率はほぼ同等である（図表2-21参照）。やや強引に線形に累積年を伸ばしてみれば、シングルA格20年後の累積デフォルト率は、10年後のトリプルB格のそれと同等水準であることが推察される（図表2-22参照）。シングルA格の20年社債に投資できている投資家は、既にかなりの年限のトリプルB格社債と同水準の信用リスクテイクをしていると言っても過言ではなかろう。

信用リスクのみならず、金利リスクを加味すれば、更に違った世界が見えてくる。20年シングルA格社債と、短中期トリプルB格社債は、信用リスクが同じだとしても、金利リスクの多寡は明らかに異なる（20年債＞短中期債）。よって、（信用リスク＋金利リスク）の総体としては、20年シングルA格社債の方が、短中期トリプルB格を上回ることになるだろう。格付け符号に惑わされ想定以上のリスクを取ることは避けたい。

そこでこの際、格付け水準のみに基づいた画一的な投資規程の見直しを提案したい（例えばシングルA格までなど）。一定の平均累積デフォルト率を新たな線引きとすることで、トリプルB格中期年限などへ投資ユニバースを広げるのはどうだろう。既存規程に縛られて、期せずしてリスクを取り過ぎる（信用リスク＋金利リスク）ことを避けると共に、本来取れるリスクを取らずみすみす投資機会を失うことも是非避けたいものだ。

② カバレッジ差が存在する

国内で活動する格付け会社は、日系・外資系と様々だ。主に、R&I、JCR、S&P、ムーディーズ（MDY）の4社、加えてFitchも活動している（いずれも登録信用格付業者）。各社は各々の格付け方針に基づいて格付け業務を行っているが、利用する側はその特徴に応じ、格付け会社を使い分けるべきだと筆者は思う。

具体的には「投資判断」に使う格付け会社と、「リスク管理」に使う会社を適切に選ぶべきだと考える。格付けに縛られて、投資機会をみすみす逃すことは是非避けたいからだ。筆者のかねてからの持論だが、日本の事業会社社債への投資判断にあたっては、S&P、MDYといった外資系格付け会社の利用を参考

図表2–23 日本の事業会社への格付けユニバース（格付数）比較
（2023年11月末時点）

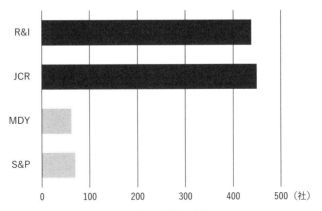

（注）金融・保険を除く国内事業法人に対する格付けを集計
（出所）各格付け会社資料より大和証券調べ

程度とし（もっと言えば利用せずに）、リスク管理での活用に留めることを提案したい。

　日本の事業会社に対する日系・外資系格付け会社のユニバースには歴然とした格差が存在する（図表2–23参照）。僅か50〜60社程度の事業会社の格付けしかしていないS&P、MDYの格付け符号に、投資判断を委ねる必要はないものと考える。勿論、リスク管理に使うことはやぶさかではない。そうすることで、ソフトバンクグループ債や東京電力ホールディングス債（いずれも日系格付けは投資適格級だが、外資系格付けは投機的等級）などへの投資可能性が見えてくる。

　日本企業（特に事業会社）の投資判断には、やはり日系格付け会社（JCR/R&I）の方が適していると筆者は考える。外資系格付け会社（S&P/MDY）の格付けは参考程度に活用すべき、というのが従来からの筆者の主張だ。こうした見解は、思いがけず3年間も続いたコロナ禍を経験して、いわゆる「静的レバレッジVS動的レバレッジ」の論争に一つの解が見えたことからも感じる。クレジット評価上は、やはり静的レバレッジをより重視すべきだと筆者は考える。

静的レバレッジとは、自己資本比率やネットD/Eレシオといったバランスシート（B/S）を用いたレバレッジのことで、JCR/R&Iなど日系格付け会社が安全性指標として重視するものである。一方の動的レバレッジは、純有利子負債／EBITDA倍率といったキャッシュフロー（CF）を用いたレバレッジのことで、S&P/MDYといった外資系格付け会社が安全性指標として重視するものである。クレジット評価上、どちらの安全性指標を重視するのかについては、統一的な見解がないのが実状だろう。

　しかし、コロナ禍で突然需要が消失した（つまり、事業からのCF創出力が突然低下した）空運業界の例を見れば、クレジット評価上は動的レバレッジではなく、やはり静的レバレッジを重視すべきことが見えてくる。

　外資系格付け会社が動的レバレッジを安全性指標として重視することもあってか、海外の航空会社は安定的に事業からCFを創出できると考えれば、B/Sのレバレッジをあまり気にせず高める。そうすることが自己資本利益率（ROE）を高め、株式評価にもプラスに働くからだ。

　一方、日本航空（JAL）、ANAホールディングスといった日本の航空会社は、業績好調でCF創出力が高まる中でもB/S改善を進めていた結果、コロナ前の静的レバレッジは低かった（コロナ禍直前の自己資本比率はJALで60％越え、ANAで40％越え）。こうしたB/S重視の経営姿勢は、我々クレジットサイドからは歓迎されたが、株式市場やそれを代弁する株式アナリストからの受けは必ずしも良くはなかった。

　動的レバレッジを重視した海外の航空会社と静的レバレッジを重視した日本の航空会社がその後どうなったかを見れば、クレジット評価上は、やはり静的レバレッジをより重視すべきだとの解が自ずと導かれるはずだ。信用悪化により破綻に至るケースもあった海外航空会社に対して、日本の航空会社はコロナ禍を大過なく乗り切った。

　勿論、社債の償還資金など債務返済の原資はキャッシュであり、CFは大事だ。しかし、そのキャッシュは、何も自ら事業で創出したものだけとは限らない。外部からの資金調達、つまりローンの借り換えや市場での社債再調達もまた既存の債務返済の原資である。事業からのCF創出力を過信しB/Sを疎かにすると、今般のコロナ禍のように同CF創出力が突然低下・消失し、一気に信

用を悪化させることにもなりかねない。JAL/ANA は、B/S がしっかりしていたが故に迅速に流動性確保（追加の負債調達）をすることができたし、最終赤字計上による B/S の悪化にも耐えられた。迅速に増資を行い B/S の修復に動くのも、静的レバレッジを重視している故である。事業からの CF 創出力を妄信し、静的レバレッジの評価を疎かにすべきではないことをコロナ禍が教えてくれたと思うがいかがだろう。

③ 符号が同じならどの格付け会社もリスクは同じ？

　東京電力ホールディングスの日系格付け（JCR/R&I）と外資系格付け（S&P/MDY）の格付け格差を引き合いに出して、格付けの使い方を考えてみたい。最近、日本企業の日系格付けと外資系格付けの格差が目立っている（図表 2 - 24 参照）。3～4 ノッチの格付け格差は当たり前、場合によっては 5 ノッチ以上などもある[46]。東京電力ホールディングスの格付けも、日系格付けが A（JCR）、A－（R&I）に対し、外資系格付けは BB＋（S&P）、Ba1（MDY）なので 4 ないし 5 ノッチの格差がある。

　図表 2 - 24 を見て、外資系格付け会社からは日本企業の信用リスクが著しく高く見えている（＝信用力は著しく低いと評価されている）と、格付け符号を額面通り受け取るべきだろうか？　答えはそう単純ではない。格付け符号・期間が同じでも、格付け会社により狭義の信用リスク、つまりデフォルト率（PD）は異なるからだ。

　格付けは期間の概念が示せないので、格付け各社は、格付け別、年限別の平均累積デフォルト率を毎年定期的に更新し開示する。それを見れば、たとえ符号・年限が同じでも、各社によりデフォルト率に違いがあることが分かる。

　金融庁が「適格格付機関」の適格性基準として基準レベルを公表している 3 年平均累積デフォルト率を主要格付け 4 社で比べると、BB 格水準では、明らかに S&P/MDY のデフォルト率（PD）が低いことが見て取れる（図表 2 - 25、2 - 26 参照）。つまり、外資系格付け会社の日本企業に対する格付けは、日系の

---

[46] 例えば鉄鋼セクターや海運セクター企業の JCR 格付けと外資系格付けの差など。

図表2-24　R&IとS&Pの格付け比較（2024年4月4日時点）

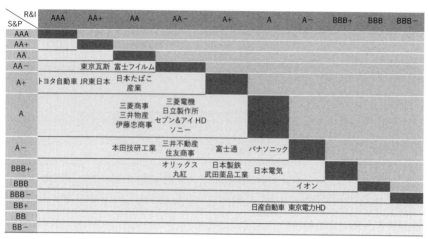

(出所) 各格付け会社資料より大和証券作成

それに比し格段に厳しいのだ。金融庁が示す基準レベルとの比較では、外資系格付けのBB格のデフォルト率はむしろBBB格に近い。プロの投資家ならいざ知らず、リテールも含めた一般の投資家に、こうした違いをしっかり認識した上で格付け符号を利用するよう求めるのには限界があろう。

　このように、格付け会社の符号を一律に見比べても意味はない。各社の格付けを同一に扱い、格付け符号のみで投資規程を作るのではなく、デフォルト率（PD）で取る信用リスクの範囲を設定したい。そうすることで、社債投資の機会損失が避けられると思うがいかがだろう。社債投資での利回り確保が難しい中で、合理性を欠く規程で投資の手足を縛り機会損失を起こす愚は冒したくない。

　筆者は、日系 - 外資系格付け会社の格付け格差が広がっている現状を見るにつけ、格付け符号のキャリブレーション（調整）が必要になっていると考えている。例えば、日本郵船のJCR格付けが「AA－」なのに対し、同社のMDY格付けは「Ba1」なので、実に7ノッチもの差が存在する。格付けは格付け会社のあくまでも意見・見解に過ぎず、我々利用者はそれを、主体性を持って能動的に利用するのが筋ではある。しかし、それにしても「AA」格と「BB」格の格付け格差は大きすぎる。グローバル金融危機以後、格付け会社は規制業種

図表2-25　格付け各社の3年平均累積デフォルト率

(%)

	AAA	AA	A	BBB	BB
R&I	0.00	0.00	0.20	0.48	5.22
JCR	0.00	0.00	0.16	1.63	8.94
MDY	0.00	0.00	0.12	0.38	2.30
S&P	0.00	0.00	0.00	0.91	1.94
基準レベル	0.00	0.00	0.25	1.00	7.50

(注) R&I（1978～2021年度）2022/6/30公表
　　 JCR（2000～2021年）2022/3/28公表
　　 MDY（日本1990～2020年）2021/6/07公表
　　 S&P（日本1981～2021年）2022/3/30公表
　　 基準レベルは金融庁が示す定量的な基準レベル
　　 標準レベルとデフォルト率が大きく下方乖離している領域をハイライトしている
(出所) 各格付け会社資料より大和総研作成

図表2-26　図表2-25をグラフ化したもの

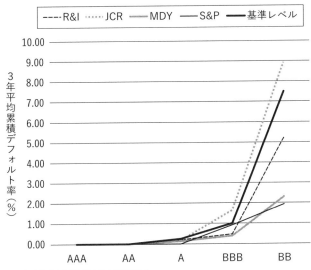

(出所) 各格付け会社資料より大和総研作成

となり、かつ、格付け符号は銀行の自己資本比率算定（バーゼル規制）上も重要な役割を担う（格付け別に保有資産のリスクウェイトが決まるため）。日系・外資系格付けの格付け格差が4～5ノッチ以上、場合によっては7ノッチにも

及ぶようになっている今、格付け符号のキャリブレーションが必要だと思うがいかがだろう？　金融庁には、是非とも検討をお願いしたい。

④ 格付けには動的特長（格上げ／格下げ）がある

　最後に、格付けの動的特長（格上げ／格下げ）にも触れておきたい。一般的に、格下げは相場（＝価格下落）の先行指標的側面を持つが、格上げは相場（＝価格上昇）の遅行指標的側面が強くなる。クレジットアナリストからすると、格下げアクションは、「え？　もう格下げするの」と思う局面でも先行して行われる印象がある。価格下落は格下げに追随しやすいので、要注意だ。一方、格上げアクションはそう簡単には実現しない。クレジットアナリストから見て、もう十分信用が回復していると思えても、実際の格上げアクションは行われない。かなり時間がたって社債価格が既に上昇した頃、「今格上げ？」というタイミングでようやく格上げが行われる印象がある。

　こうした格付けアクションの傾向は、格付けアナリストの身になって考えれば合点がいく。格下げが遅れて市場から非難されるのは避けたい一方で、早々に格上げしてしまった後に再度信用が悪化したのでは、目も当てられないからだ。よって格下げは素早く、格上げは慎重に、となる。したがって、投資家は、こうした格付けの動的な特徴を頭に入れた上で、格付けを利用する必要がある。売却アクションは格下げを待たずしても行う必要が出てくるし、購入アクションは実際の格上げを待っていては遅すぎるということになりかねない。やや古いが、具体的事例として大王製紙債スプレッドと格付けアクションの関係を示すので参考にしていただきたい。格下げアクションと共にスプレッドが急拡大した様子、そしてR&I格付けが投資適格級に戻ってきた時には、既に大方のスプレッド縮小が終わっている姿が見て取れる（図表2-27参照）。

社債運用規定に「？」のケースも

　社債の運用規定には、格付けの活用法につき「？」な例も散見される。国立大学法人等の余裕金の運用が2017年度より規制緩和されたことを例に取り上

図表 2-27　大王製紙債スプレッド（bp）と格付けの関係

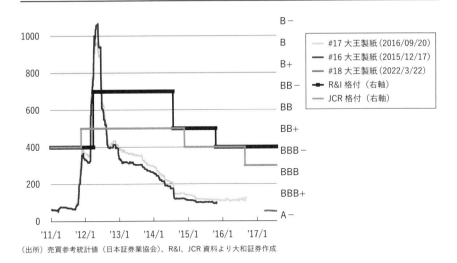

(出所) 売買参考統計値（日本証券業協会）、R&I、JCR 資料より大和証券作成

げてみたい（2016 年 5 月の国立大学法人法改正、2017 年 4 月より施行）。

　文部科学大臣の認定を受ければ、寄付金等を原資とする業務上の余裕金の運用を、一定の条件を満たした社債（無担保）、投資法人債、外債などを通じて行うことが可能となった。より詳細には、投資可能な有価証券のリスク度合いに応じて、自家運用で 3 段階、委託運用も含めれば 4 段階の基準が設けられている。

　同基準の詳細には触れないが、筆者の目から見ると、社債の投資基準の設定がどうしても気に掛かる。文部科学省（文科省）の通知[47]を見ると、債券格付け又は発行体格付けが、少なくとも 1 社の格付け会社において「A」格相当の格付けを取得しており、どの格付け会社からも「BB」格相当以下の格付けがないものとする、となっている。こうした社債投資にあたっての格付け基準は、プロである地域金融機関の有価証券部隊であっても見かけ得る基準ではあるが、どの格付け会社の格付けも同一視し、かつ、社債の年限の概念を無視した基準であり、筆者にとっては理解に苦しむ。

---

[47] 国立大学法人法第三十四条の三における業務上の余裕金の運用にかかる文部科学大臣の認定基準の一部改正について（通知）（平成 30 年 5 月 9 日）。

筆者は、社債投資の道具である格付けは上手に活用すべき、と考えている。格付け符号・期間が同じでも、格付け会社により信用リスク（狭義の）、つまりデフォルト率（PD）は大きく異なる。R&Iの「A」格5年債とS&Pの「A」格5年債の累積平均デフォルト率は、前者が0.41％に対し、後者は0.11％とかなりの違いがある。また、格付けは、期限の概念が表せない符号である点にも注意が必要だ。同じ「A」格社債と言っても、3年債の累積平均デフォルト率が0.2％程度なのに対して、10年債のそれは1％程度に跳ね上がる（R&Iのケース）。

　よって、「A」格を持っていればよいからと、超長期債に投資をする際には、信用リスクの取り方の上でも、そして金利リスクの取り方の上でも、留意が必要だ。国立大学法人等が、緩和された運用規定でリターンを取りに行くことは良いことに違いない。但し、運用規定やその運用を間違えれば、思いがけないリスクを取ったり、またその逆で、不要な機会損失を被ったりすることにもなりかねない。まあ、失礼だが、運用のプロとは言えない文科省に運用基準を完璧に作れと言ってもそもそも無理があるのは否めないが。

「信用の目利き」が格付けを妄信することなかれ

　格付けという道具に受動的に使われるのではなく、それを能動的に使い倒すことが必要だ。したがって、信用の目利きが格付けを妄信している場合ではないだろう。

　「銀行など預金取扱い金融機関が持つプロとしての能力は何か？」と問われれば、筆者は「信用の目利き」と即答する。「信用の目利き」能力があるからこそ、安全に運用されるべき大切な我々の預金を融資や有価証券などリスク資産に変換することができる訳だ。社債投資家の多くは、こうした「信用の目利き」のプロである地域金融機関の有価証券運用部門だ。

　ところが、「信用の目利き」であるはずの金融機関が格付けを妄信するきらいがあるのはなぜだろう。格付け会社に投資判断やリスク管理を委ねていないだろうか？　クレジットアナリストとして活動していた時代、金融機関を訪問した際に、以下のような話をしたことがある。「融資部門の方々は、審査部門などを抱えながら、『信用のプロ』として、銀行の役割をしっかりと発揮しています

よね。ところが、有価証券運用部門になるとなぜか突然、自らが『信用のプロ』であるはずなのに、見たことも、話したこともない、格付け会社という看板を背負った外部者に、有価証券投資の判断やリスク管理を過度に委ねてしまってはいませんか？　会ったこともない、彼・彼女らが付与したシングルAだ、トリプルBだ、等の符号を、言葉は悪いが"妄信"し、預金者から預かった大切なお金を運用していることはないですか？」と。かつて東芝債の価格が急低下した際（勿論、格付けは投機的等級に格下げされていた）、筆者らを訪ねてきた外国人投資家たちは、本当に一言たりとも、「格付け」を口にすることはなかった。東芝のクレジット判断、クレジットストーリーの意見・見解は求められても、格付けを気にする投資家は皆無であった。皆、クレジット評価・判断は自分たちで行っているからだ。

　以上はちょっと言い過ぎで、有価証券部門の方々も信用のプロだし、格付けを全く利用するな、などと無茶苦茶なことを言うつもりは毛頭ない（自己資本比率規制の標準的手法では、格付けに応じてリスクウェイトが定められていることもあり）。但し、「委ねるなら委ねるで、少なくとも委ねた先のことをしっかりと理解した上で、上手に活用しましょうよ」と筆者は言いたい。

　格付け会社を上手に活用するのと、格付け会社を「妄信」するのとでは大違いだ。「格付けの活用の仕方」を今一度、振り返りつつ再検討することをお薦めしたい。そうすれば、まだまだ社債投資ででき得ることが見つかるはずだ。

格付けに依存して良い時に依存せず、依存すべきでない時に依存する

　格付けは社債投資に当たっての『道具』だと思っているので、「受動的」に使われるのではなく、「能動的」に使うものであるというのが筆者の変わらぬ考えだ。よって、格付けに依存してもよい時は依存するが、依存すべきでない時は依存しなくてよいと考えている。しかし、どうも投資家の中には、格付けを誤用してしまう、つまり「依存してよい時に依存せず、依存すべきでない時に依存する」傾向が時としてあるようだ。

　格付けに「依存してよい時に依存せず」の具体例としては、2022年度の電力債投資が挙げられる。地域電力各社は、2021、22年度と想定外にまで悪化した

事業環境故に業績悪化に見舞われた。しかし、その事業環境を想定内に戻す取り組み（料金値上げ等を含め）が動き出していたこともあり、格付け会社（R&IやJCRなど日系格付け会社のみならずS&Pも）は信用力評価に問題はないと、格付け維持を相次いで表明した。しかし投資家は、維持されている格付けには依存せず、独自の与信判断で電力債投資をためらう傾向が見受けられた。結果、2022年度は電力債の利回りは上昇、クレジットスプレッドは拡大した。変わらぬ格付けに依存して電力債投資が可能であれば、プラスアルファの利回りが享受できる好機だった。

　一方、格付けに「依存すべきでない時に依存する」の具体例としては、アイフル債投資が挙げられる。同社は既にIG銘柄に昇格済みだが、公募債市場に戻ってきた際は、BB格のHY債であった。当時筆者らは、同社の信用力は回復傾向にあるのだから、遅行指標化しやすい格付けの特徴も踏まえれば、BB格との格付け評価であっても十分投資に値すると再三再四主張してきた。しかし、投資家の殆どは、IG格付けに満たないアイフル債は、格付け規定上からそもそも投資対象にはならないと見向きもしなかった。その後のアイフルの格付け動向を見れば明らかなように、BB格のアイフル債に投資できていれば、超低金利環境下で多くの投資家が利回り確保に苦しむ中、高い利回りが享受できたことは言うまでもない。

　このように、格付けの「能動的」活用は、言うは易く行うは難しである。決して簡単なことではなく、しっかりとした信用力評価とリスク管理を行える体制があってこそ実行可能なのは言うまでもない。だからと言って指をくわえて諦めるのもいかがなものか。格付けは社債市場のインフラだが、決して「受動的」に使われるものではなく、「能動的」に活用するものだ。各格付け会社の特徴や、格付け手法、そして時には格付けアナリストの性格・特徴までも把握して、また、下がる時には先行指標化しやすく、上がるときには遅行指標化しやすい動的特徴も捉えて、積極的に格付けを活用することが社債投資には必要だと思っている。

信用力評価手法を学ぶのも格付けの活用法の一つ

　社債投資のインフラの一つである格付けは、とことん上手に活用したい。その意味では、「BBB」や「A」などの格付け符合を投資判断やリスク管理に使うだけでは物足りないし、勿体ない。格付け会社から信用力評価手法そのものを学ぶのも有用だ。自身の信用力評価能力向上に役立つのは勿論、格付けの理解・予測にも役立つからだ。

　例えば、2018年12月3日、S&Pは「日本の企業グループの分析アプローチに関するFAQを発表」したとニュース・リリースを発した。構造が複雑化する日本の企業グループを、S&Pがどのように信用力評価しているのかを、Q&A方式で解説したレポートを発行した旨を告知するリリースだ。

　リリースまでは誰でも見ることができるが、S&Pと有料契約をしていなければ、「クレジットFAQ：日本の複雑な企業グループをひもとく――事例によるグループ分析アプローチ解説」というレポートを見ることは叶わない。なお、当時筆者は大和証券に所属し契約者であったので同レポートを参照できたが、その内容の詳細をここで披露することは残念ながら不可能だ。リリースを見れば分かるが、S&Pは、一般事業会社の場合はキャッシュフローベースの債務返済能力を、そして、金融機関の場合は収益性と自己資本のバランスからなる損失吸収能力を、信用力評価上それぞれ重視するとしている。

　レポートでは、①複数セクターで事業を営む会社（総合電機やオリックス、総合商社など）をどう評価するのか、②事業会社傘下に金融会社がある場合（ソニーや販売金融を持つ自動車会社、はたまたNTTなど）はどうするのか、③親子上場企業の親会社・子会社評価は、④2グループ以上の持分法適用会社（リース会社や三菱自動車など）の評価は、⑤親グループ信用力＜子会社単体信用力の場合の子会社評価は、そして、⑥子会社信用力の親会社グループからの完全独立評価の可否などについて、その信用力評価の考え方を説明している。

　あくまで一格付け会社S&Pの考え方の整理だが、自分でこうした企業の信用力評価を行う際にとても参考になるのは勿論だし、S&P格付けを理解する上でも参考になる。有料契約のコストは掛かるが、単に格付け符号を社債投資に利用するだけよりは、格段に有効活用できること請け合いだ。

●コラム●

ムーディーズ（MDY）はソフトバンクグループの勝手格付けを取り下げるべき

　2023年11月20日、MDYは勝手格付けとして付与を続けるソフトバンクグループ（ソフトバンクG）の格付けに久々にアクションを起こしている（格付け「Ba3」のアウトルックをネガティブから安定的に変更[48]）。ソフトバンクGがMDYの依頼格付けを取り下げたのは、実に4年以上も前の2020年3月25日のことである。

　それ以降、筆者は、依頼格付けと誤解されかねない公表方法の見直しも含め、そもそもMDYは、ソフトバンクGの勝手格付けを取り下げるべきと主張してきた。

　発行体であるソフトバンクGも、依頼格付けを取り下げて以来、MDYに対し勝手格付けの取り下げと、依頼格付けと誤解されかねない公表の方法の見直しを一貫して求めている。今般もソフトバンクGは即日リリースを発表。MDYの見解を「合理的な根拠のない主観的な想定および過程にもとづくものです」とし、3年以上MDYとのやり取りがない中、MDYの分析は透明性に欠け実態との乖離が拡大していると強く抗議している。

　MDYは、ソフトバンクGの勝手格付けを取り下げるべきと考える。日系格付け会社は、利用者が勝手格付けと一目でわかるように、「op」（R&I）、「p」（JCR）と非依頼格付けであることを示す添え字を格付けに付す。ところが、MDYの勝手格付けにはそうした目印は見当たらない（注：リリース文には勝手格付けである旨の記述はあるが、投資家がリリース文まで確認するとは思わない）。また、発行体であるソフトバンクGは、MDYへの依頼格付けを取り下げて以降、一切情報をMDYには提供していない。つまりMDYの同社格付けは、我々がソフトバンクGについて知ること未満（我々は発行体に直接取材し様々な経営・財務情報を得ることができるが、MDY

---

[48] MDYは2022年5月31日に同社の格付け「Ba3」のアウトルックを安定的からネガティブに引き下げるアクションを起こしている。その際、ソフトバンクGは、それに異を唱えるプレスリリース（勝手格付けの取り下げ、依頼格付けと誤解しかねない公表方法の見直しを求めている）を公表している。

図表2-28　MDYはソフトバンクグループの勝手格付けを取り下げるべきだと思うか？

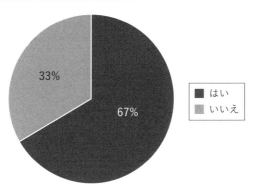

（出所）大和証券が実施したアンケート（2021年1月）

図表2-29　依頼格付けを投資判断・リスク管理に使っていた投資家の図表2-28質問への回答

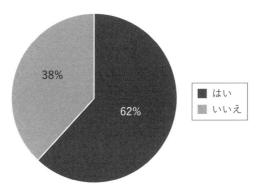

（出所）大和証券が実施したアンケート（2021年1月）

はそれすらできていない）の情報で付された質の低い格付けと言っても過言ではない。

　MDYの格付け付与方針を紐解くと、「ⅰ）非依頼格付の公表に対する信用市場又は投資家の関心が相当程度あり、かつ、ⅱ）適切な分析及び必要な場合に付与した信用格付の継続的な検証及び更新を行うに足りる情報があると考えられる場合には、非依頼格付を付与することがある」とある。筆

者は、ⅰ）ⅱ）の両条件とも満たしていないと考える。発行体と格付け会社の間に全く意思疎通がなされていない状況なので、ⅱ）の条件が満たされていないことは確実だ。また、ⅰ）の条件に関しても、もうかなり前にはなるが、筆者が2021年1月に投資家に対して行ったアンケート結果によれば（図表2-28、2-29参照）、7割弱が勝手格付けを取り下げるべきと答え、しかも、MDYの依頼格付けを活用してきた投資家でさえも、6割強が取り下げるべきと答えていることから、満たされているとは思われない。そうであれば、格付け利用者としては、MDY格付けが勝手格付けとして残っていることは有害ではあっても有益ではなかろう。市場の混乱を避けるためにも、MDYにより勝手格付けが取り下げられることが望まれる。

第3章

日本の社債市場拡大に向けた5つの方向性

日本の社債市場の現状、課題と対応を踏まえて

第1章では日本の社債市場の現状を、そして第2章では日本の社債市場の課題と、それへの対応状況を見てきた。

日本の社債市場は、決して理想的な状況にある訳ではなく、むしろ、理想的な状況からはほど遠い。また、残念ながら理想的な方向にも進んでいない。様々な古くて新しい課題を抱えながら、それへの対応もまだまだ道半ばである。

だからと言って、将来を悲観するだけで、手をこまねいていても仕方がない。これから先は、今まで見てきた現状と課題を踏まえた上で、日本の社債市場の拡大、活性化に向けた方向性（原動力と言ってもよい）について論じてみたい。

これから論じる5つの方向性が社債市場拡大に向けた原動力となり、その力が課題解決を伴って日本の社債市場を活性化させて行くと筆者は信じている。

市場を通じた企業のデットファイナンス手法である社債は、銀行ローンに偏重した日本の企業金融の多様化にも、そして預金・株式投資の二元論で語られることが多い資産運用の多様化にも資するものと筆者は確信している。

5つの方向性（原動力）

これから一つ一つ紹介するように、日本の社債市場の拡大、活性化に向けた方向性（原動力）としては、以下5つがあると考えている。これら5つの方向性が、日本の社債市場が抱えた課題を解決しながらその規模を拡大させるドライビングフォース（原動力）になると筆者は信じている。

① ESG（Environment［環境］、Society［社会］、Governance［企業統治］）化の方向性
② メザニン化の方向性
③ 信用拡大化の方向性
④ デジタル化の方向性
⑤ リテール化の方向性

① ESG 化の方向性

　日本は 2050 年カーボンニュートラルを宣言している。それに向けたグリーン・トランスフォーメーション（GX）は、日本の成長戦略でもある。よって、グリーン・ファイナンス、トランジション・ファイナンスは勿論のこと、SDGs（持続可能な開発目標）実現に向けたものを含めたサステナブルファイナンス、その一手段である ESG 債の活用は、社債市場の拡大、活性化に向けた方向性（原動力）の一つである。実際 ESG 債の発行は、商品性の多様化を伴って拡大しており、既に社債市場の活性化に貢献している。日本は電力会社を筆頭に炭素多排出産業による社債発行がそもそも多いため、社債市場活性化の原動力になる ESG 債として、筆者はトランジションボンドの発行増に特に注目している。

② メザニン化の方向性

　社債といえば、かつてはシニア無担保債がその殆どであった。しかし、企業の負債調達は、何もシニア無担保債に限ったものではない。実際、銀行や保険会社といった金融機関は規制上、メザニン社債（劣後債、ハイブリッド証券など）の調達が求められている（規制資本の調達として）。金融機関のメザニン社債の発行をベースに、事業会社によるメザニン社債の活用が増加すれば、社債市場の拡大、活性化の方向性（原動力）になり得る。東京証券取引所によるPBR改善要求に象徴されるように、株価（＝株主価値）向上がかつてないほど求められるようになった現在、信用（＝格付け）評価を落とさずに株主価値向上を成し遂げるためには、メザニン社債の活用が有効だ。

③ 信用拡大化の方向性

　日本の社債市場は、長引く金融緩和環境の下での投資家の利回り追求ニーズを受けて、長期化（超長期社債の発行）、そしてメザニン化（ハイブリッド証券の発行）までは生じたものの、信用拡大化（格付けの比較的低い社債の発行やHY債市場の創設）までには至らなかった。しかし、欧米でHY債市場が発達していることから分かるように、そして日本の社債発行企業が上場企業のトップ・オブ・ピラミッドに限られていることからも分かるように、信用拡大化は社債市場の拡大、活性化の方向性（原動力）としてそのポテンシャルが大きく

残されている分野である。

④ デジタル化の方向性

　IT（情報技術）の発展により、社会のデジタル化は否応なしに進展する。社債もしかりで、ブロックチェーン（取引記録を残せる分散型台帳）技術の活用により、社債をデジタル化した有価証券、いわゆるセキュリティトークン社債（ST社債）として発行・流通させることが可能となってきた。透明性、効率性、安全性の向上を低コストで実現し得るデジタル技術の発展は、既存の社債市場を劇的に変え発展させる方向性（原動力）の一つとなり得るので注目だ。

⑤ リテール化の方向性

　上記4つは、どちらかといえば社債の発行体側、つまり企業金融の多様化の視点からみた社債市場の拡大、活性化の方向性（原動力）といえるかもしれない。もっとも、社債市場の活性化の方向性（原動力）はそれだけではない。投資家の多様化を通じた活性化も十分あり得る。その際は、2000兆円を超えた個人（家計）金融資産の一部を社債投資に振り向ける、現在の機関投資家中心の社債市場ではなくリテール社債市場の拡大こそが、その方向性（原動力）といえるだろう。

各方向性は独立してではなく相互に作用

　日本の社債市場の活性化、拡大に向けた5つの方向性の概略を示したが、各方向性は独立し相互に関係のない方向性では決してない。各方向性に向けた原動力は、相互に作用しながら社債市場の拡大、活性化をなし得るものだ。

　後述するが、ESG化とメザニン化の方向性を共に意識した商品性の社債発行が実現している（グリーン・ハイブリッド証券やソーシャル・ハイブリッド証券など）。また、ESG化の方向性を切り口として、信用拡大化に資するトリプルB格銘柄の社債市場デビューも散見されている。更には、メザニン化の方向性や、デジタル化の方向性は、社債の発行体から見れば企業金融の多様化であるばかりか、投資家を従来の機関投資家のみならず個人に広げるリテール化の

方向性を進める手段と見ることもできる。
　このように、5つの方向性が相互に作用しながら原動力となって、日本の社債市場の課題を克服しつつ市場の拡大、活性化につながっていく姿が理想だと筆者は考えている次第である。

第4章
ESG化の方向性

サステナブルファイナンスと社債

　サステナブルファイナンス、より具体的にはグリーンボンド、ソーシャルボンド、サステナビリティボンド、トランジションボンドなどESG債[49]の発行・投資ニーズの拡大は、日本の社債市場拡大を後押しし得る方向性であり、大きな原動力の一つである。その中でも、社債市場の拡大に資するESG債として筆者は、トランジションボンドに注目している。

　日本のサステナブルファイナンスを俯瞰するには、金融庁が設置した「サステナブルファイナンス有識者会議」の報告書[50]が役に立つ。サステナブルファイナンスは、特定の金融商品のことではなく、持続可能な社会を支える金融制度や仕組み、行動規範、評価手法等の全体像、つまりインフラの一つと捉えられている。したがって、民間セクターが主体的に取り組むのは勿論だが、制度的枠組み作り等を通して政策的にも推進すべきものである。

　日本は、菅義偉前首相が2050年カーボンニュートラルを目指すことを宣言（2020年10月）。2021年4月には、2030年度における温室効果ガス（Greenhouse Gas、以下GHG）削減目標の引上げが表明された。同目標への挑戦を、「経済と環境の好循環」につなげることが日本政府全体の課題でもあり、現岸田政権下での成長戦略の一つでもある（いわゆる、グリーン・トランスフォーメーション［GX］成長戦略）。日本政府は「GX実行会議」で「GX実現に向けた基本方針」を取りまとめ（2023年2月閣議決定）、国会で「GX推進法」、「GX脱炭素電源法」を制定（同5月）。7月には「GX推進戦略」が閣議決定されている。

　日本のサステナブルファイナンスの特徴は、気候変動分野において、GHG多排出産業の着実な脱炭素化を後押しする「トランジション（移行）」戦略を重視する点である。EUが「グリーン」や「サステナブル」といった概念に明確な基準を作り制度化する政策ツール、いわゆる、「タクソノミー」を重視するのとは一線を画する。そもそも、「タクソノミー」に合致するグリーン、サステナブルな事業への投資のみでは日本の脱炭素化の実現は不可能だ。また、「タクソノ

---

[49] SDGs債と呼ぶ場合もあるが（ちなみに、日本証券業協会はSDGs債を統一呼称として使っている）、本書ではESG債を使うこととする。
[50] 金融庁「サステナブルファイナンス有識者会議 報告書 持続可能な社会を支える金融システムの構築」2021年6月18日。

ミー」には、基準設定時に科学的根拠を担保することが難しかったり、基準が高頻度で見直されなければ判断が固定化されるなど、幾つかの課題も指摘されている。

　当然、GXや持続可能な社会を支えるサステナブルファイナンスには、株式・社債発行など直接金融を通じたもののみならず、銀行ローンなど間接金融を通じたものも含まれる。直接金融・間接金融の競合、パイの奪い合いではなく、両金融が車の両輪となって拡大していくことが求められている。サステナブルファイナンスの拡大は、日本の社債市場発展の力強い原動力の一つになり得るし、実際にそうなる期待は高い。

順調に拡大するESG債

　ESG債市場は、その種類と発行主体を多様化しながら順調に拡大している。2016年度には1000億円にも満たなかったESG債の発行額は、毎年その額を伸ばし続け、2023年度には6兆7000億円にまで拡大している（注：国債であるGX経済移行債［クライメート・トランジション・ボンド：CT国債］を除くベース）（図表4-1参照）。

　ESG債市場は、債券種別、そして発行主体の多様性を伴いながら拡大している。債券種別では、グリーンボンド／ソーシャルボンド／サステナビリティボンドは勿論、サステナビリティ・リンク・ボンドやトランジションボンドとその種類が拡大している。また、こうしたラベル付き債券と、第5章で述べるメザニン化にあたる規制・格付け資本調達（劣後債やハイブリッド証券）を組み合わせたものも登場している。発行主体別には、本書で取り上げている社債（事業債）のみならず、地方公共団体の発行する地方債や政府関係機関の発行する財投機関債、そして国債（クライメート・トランジション・ボンド）へと広がりを見せている（図表4-2参照）。

日本が先導するトランジションボンド

　これからの社債市場の拡大に資するESG債として筆者は、トランジションボ

図表 4-1　ESG 債の発行額推移

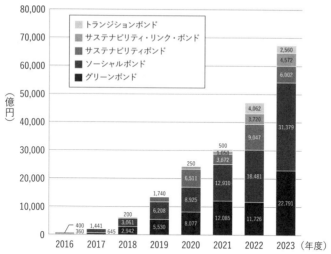

(注) 国債である CT 国債を除くベース
(出所) 大和証券調べ

ンドに注目している。GHG 多排出産業部門が脱・低炭素化に向けた移行の取り組みをファイナンスするのがトランジション・ファイナンスである。日本の場合、電力・ガスや石油などエネルギー企業は勿論、鉄鋼、運輸（海運・空運）会社など GHG 多排出産業部門は社債の主要発行体故に、トランジションボンドの発行ポテンシャルは大きいからだ。

日本政府は、トランジション・ファイナンス推進に向け、(1) 基本方針「クライメート・トランジション・ファイナンスに関する基本指針」の策定（2021年5月）、(2) GHG 多排出産業向けの分野別技術ロードマップの策定、(3) モデル事業・補助事業の実施、そして (4) 資金供給後のフォローアップにかかるポイントをまとめた「トランジション・ファイナンスにかかるフォローアップガイダンス」の策定（2023年6月）、など様々な取り組みを実施している。

ところが、まだ黎明期であることも多分にあろうが、実際には 2023 年度のトランジションボンドの発行額が前年度を下回るなど、民間企業からのトランジションボンドの発行は思った程増えていないのが現状だ（注：後述するように銀行ローンに押され気味なこともある）（図表 4-3 参照）。

図表 4−2　主体別 ESG 債発行推移

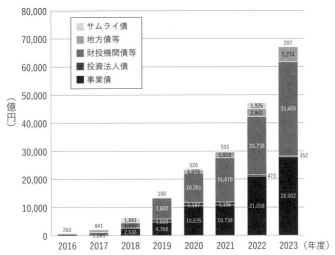

(注) 国債である CT 国債を除くベース
(出所) 大和証券調べ

　だからと言って、悲観する必要はなかろう。発行コンセプトの一つとして民間のトランジション・ファイナンスの呼び水効果が期待されているクライメート・トランジション・ボンド（CT 国債）の発行が債券市場で始まったからだ。政府が 2023 年 11 月に作成した「クライメート・トランジション・ボンド・フレームワーク」を紐解くと、CT 国債発行のコンセプトの一つとして民間のトランジション・ファイナンスの呼び水効果が期待されていることが分かる。GX には今後 10 年間で 150 兆円を超える官民の投資が必要とされており、国が率先して CT 国債を発行することにより（今後 10 年間で 20 兆円規模を計画している）、民間企業によるトランジション投資が後押しされ、トランジションボンドの発行が増えていくことになり得る。2024 年度以降、民間企業によるトランジションボンドの発行が増える期待は高い（図表 4−4 参照）。

　ちなみに、経産省にて開催された第 9 回トランジション・ファイナンス環境整備検討会（2024 年 3 月 1 日）の事務局資料を見ると、トランジション・ファイナンスの手段としてボンドがローンに足元で押され気味な状況が見て取れる。資料では、2021 年 1 月から 2023 年 12 月までのトランジション・ファイナンス

図表 4-3　民間企業によるトランジションボンドの発行額推移

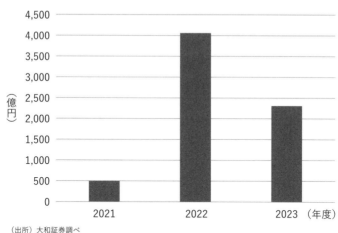

(出所) 大和証券調べ

図表 4-4　トランジションボンドの発行企業

業種	発行体
非鉄	三菱マテリアル
石油	ENEOS ホールディングス、出光興産
鉄鋼	JFE ホールディングス、大同特殊鋼
機械	IHI、三菱重工業、川崎重工
電力	JERA、九州電力、北陸電力、東北電力、中国電力
ガス	東京瓦斯、大阪瓦斯、東邦瓦斯、西部ガスホールディングス
海運	日本郵船
空運	日本航空
自動車	マツダ

(注) 2024 年 3 月末現在
(出所) 大和証券調べ

累計国内調達額は 1 兆 6440 億円に上るとあるが、トランジションボンドの累計発行額は 6800 億円余りである。つまり、ローンの調達額がボンドの調達額を上回っていることになる。また、同資料には 2021 年度以降のトランジション・ファイナンスモデル事業採択事例の一覧も掲載されているが、2021 年度に計 12 件中 9 件がボンド（3 件がローン）であったものが、2022 ～ 2023 年度に入る

と計14件中（注：フレームワークを除く）5件がボンド、大半の9件がローンと逆転されてしまっている。

　日本の企業金融は、言うまでもなく間接金融（銀行ローン）が圧倒的である（第1章参照）。それに対し、トランジション・ファイナンスを含めESG金融に関しては、ボンド（直接金融）からその発展が始まったと言っても過言ではない。しかし、このままではESG金融に関しても、ボンド劣勢になりかねない（例えて言えば、「トンビ（銀行）に油揚げ（ESG金融）をさらわれる」）。トランジション・ファイナンスの先駆的企業といえる日本航空は、かつてトランジションボンドの発行を行った際、「JALの脱炭素への取り組みをより多くのステークホルダーにアピール・知ってもらうためには直接金融の活用が適している」との見解を示したことがある（相対のローンよりも、社債の方が多くの投資家に訴求できる）。まさにその通りだと筆者は思う。トランジションボンドの発行がCT国債発行開始を機に盛り上がることを期待したい。そのためには、従前からの主張だが、トランジションボンド発行後のフォローアップや需要増の取り組み継続が必要だろう。

　当たり前だが、CT国債が発行されれば、民間企業がトランジションボンド発行を増やすなどといった単純な関係がある訳ではない。グリーンウォッシュとの批判や実効性への疑問を抱かせることなく、トランジションボンドを拡大・発展させるためには、発行後のフォローアップ、つまり発行体（資金調達者）と投資家（資金供給者）のエンゲージメント（建設的な目的を持った対話）促進が欠かせない。筆者は2023年9月、業界初となるトランジションボンド発行後のフォローアップ・ミーティング（Mtg）を日本航空をお招きして実施した。こうした取り組みを広めていくことも必要だ。

　また、現在は決して積極的とは思えない大手金融機関（銀行や生損保、アセットマネジメント）などによるトランジションボンドへの投資需要喚起も必要だ。国際的な金融アライアンス[51]では、投融資先のCO_2排出量（ファイナンスド・エミッション）削減が求められる。よって、同アライアンスに入る大手金融機関などは、一時的にファイナンスド・エミッションが増加するトランジシ

---

[51] "Net-Zero Asset Owner Alliance" "Net-Zero Banking Alliance" "Net-Zero Insurance Alliance" "Net Zero Asset Managers Initiative" など。

ョン・ファイナンスには消極的だ。このファイナンスド・エミッションの課題を解決すべく、三省庁（金融庁／経済産業省／環境省）を事務局とする「ファイナンスド・エミッションに関するサブワーキング」[52]が設置され、ネット・ゼロに向けたトランジションに対する投融資を積極的に評価するための枠組み作りの検討が行われた。そして、「ファイナンスド・エミッションの課題解決に向けた考え方について」が2023年10月に公表されている。同取り組みによりトランジションボンドの需要増が実現することを期待したい。

トランジションボンド拡大に向けて（フォローアップ）

　トランジションボンドの拡大・発展には、発行後のフォローアップとして発行体と投資家のエンゲージメント（対話）促進が欠かせない。金融庁・経済産業省・環境省は共同でそのためのガイダンス資料「トランジション・ファイナンスにかかるフォローアップガイダンス～資金調達者とのより良い対話に向けて～」（2023年6月）を作成している。筆者はクレジットアナリスト時代の2023年9月に、業界初となるトランジションボンド発行後のフォローアップMtgを日本航空をお招きして実施した。

　日本航空は、トランジションボンドを既に3度発行（第1回：2022年3月に5年債100億円、第2回：23年6月に10年債200億円、第3回：24年5月に10年債650億円）したトランジション・ファイナンスの先駆的企業だ。フォローアップMtgでは、日本航空のトランジション戦略と、GHG排出量削減に向けた目標と手段を中心にご説明いただいた。

　トランジションボンドは、発行して終わりではない。市場にしっかり同ボンドを根付かせるためにはフォローアップが欠かせない（図表4-5参照）。フォローアップMtgを通じて発行体と投資家のエンゲージメントを促進することで、投資満足度は向上しよう。また、既存投資家のみならず、潜在投資家にもフォローアップMtgに参加いただくことで、トランジションボンドの新規投資家の開拓にもつながり得ると考える。筆者が実践した日本航空の事例をきっか

---

[52] 「官民でトランジション・ファイナンスを推進するためのファイナンスド・エミッションに関するサブワーキング」。

図表 4-5　フォローアップのイメージ

(出所) 金融庁・経済産業省・環境省「トランジション・ファイナンスにかかるフォローアップガイダンス」より抜粋

けに、トランジションボンドを発行する他の発行体にもフォローアップMtgの実施が広がることを期待したい。

トランジションボンド拡大のハードル (ファイナンスド・エミッション)

　トランジションボンドの需要増に向けた取り組みも進んでいる。2023年10月2日、三省庁が立ち上げたサブワーキンググループが「ファイナンスド・エミッションの課題解決に向けた考え方について」を公表した。ここで示された解決策案が実現化すれば、現在は決して積極的とは思えない大手金融機関(銀行や生損保など)によるトランジションボンドへの投資需要が増加することにつながり得る。需要の増加は、供給の増加にもつながり得るので注目だ。

　日本は2050年のカーボンニュートラル実現に向け、GHG多排出産業、つまり脱炭素化が困難な産業の移行に向けたファイナンスであるトランジション・ファイナンスが不可欠だ。トランジション・ファイナンスは、上述したように政府の「GX実現に向けた基本方針」でも重要視されている金融手法だ。しかし、国際的な金融アライアンスでは、投融資先のGHG排出量削減が求められ

図表4-6 トランジション・ファイナンスによる投融資先の排出量変化（例）

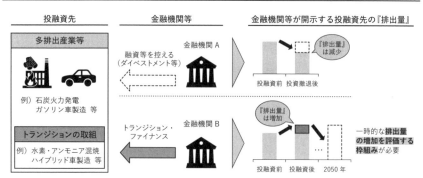

（出所）経済産業省「クリーンエネルギー戦略中間整理を踏まえたGXの実行推進に向けて」（令和4年11月）より抜粋

ることから、同アライアンスに入る大手金融機関などは、一時的にGHG排出量が増加するトランジション・ファイナンスには消極的である（図表4-6参照）。

そこで、サブワーキングでは、ネット・ゼロに向けたトランジションに対する投融資を積極的に評価するための枠組み作りの検討が開始された。2023年2月にはまず、トランジション・ファイナンスの重要性及びファイナンスド・エミッションにかかる課題の整理が行われ、G7やG20を含めた政府間トラックや民間イニシアチブに対して発信するための課題提起ペーパー（日英両語で）が取りまとめられた。そして同10月、同グループは「ファイナンスド・エミッションの課題解決に向けた考え方について」を公表した。

その中では、①ファイナンスド・エミッションの算定開示手法の工夫、②ファイナンスド・エミッション以外の複数指標の活用による工夫、の2手法が課題解決案として示された（図表4-7参照）。①は、ファイナンスド・エミッション全体の開示をした上で、トランジション・ファイナンスに係るファイナンスド・エミッションを別に示すことで、金融機関のトランジション・ファイナンスへの取り組みを明確化する手法である。②は、ファイナンスド・エミッションのみではなく、金融機関の脱炭素化に向けた取り組みを表す複数の指標を活用する手法だ。

先に発信された問題提起ペーパーと今回の課題解決に向けた考え方のペーパ

図表 4-7　ファイナンスド・エミッションの課題解決に有効と考えられる手法

2-1 financed emissions の算定・開示手法における工夫	2-2 複数指標の活用による工夫	
トランジション・ファイナンスに係る financed emissions の算定・開示 ＋ プロジェクトの排出量に限定した financed emissions の算定・開示	実体経済の脱炭素化を促進する取組に関する指標	金融機関の脱炭素化支援関連施策に係る実行力に関する指標

(出所)「ファイナンスド・エミッションの課題解決に向けた考え方について」(令和5年10月)より抜粋

ーがともに活用され、国際的な金融アライアンスでの議論が進み、ファイナンスド・エミッションの課題が克服されることを期待したい。

ESG債のグリーニアム

　トランジションボンドなどESG債の発行増が社債市場活性化の原動力になることは良いことだ。一方で、欧州でグリーニアム／ソーシアム現象(グリーンボンドやソーシャルボンドが同一発行体の通常の社債に比し利回りが低くなる現象)が生じているように、ESG化の進行は社債の利回りを押し下げる可能性もあり、それが行き過ぎれば投資家需要を減退しかねないのでやっかいだ。
　なぜなら、通常の社債も、グリーン、トランジションなどラベルの付いたESG債も、発行体のリコース負債としてその信用リスクに変わりはない。よってグリーニアムのあるESG債は投資家から見て割高に感じられる。日銀「気候変動関連の市場機能サーベイ(第2回)」で指摘されているように、ESG債、特にグリーンボンドなどは、やや需給が逼迫している状態で、グリーニアムが懸念される状況だ。実際、日本でも、ESG債にグリーニアム現象は既に観測されている。大和証券の尾谷俊シニアストラテジストは継続的に社債市場でのグリーニアムを計測しており、それによれば、ESG債全体で▲3bp程度の有意なグ

図表4-8 社債、ESG債のリスク・リターン模式図

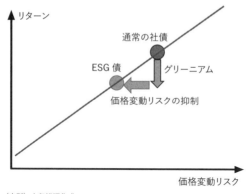

（出所）大和総研作成

リーニアムが、商品としてはグリーンボンドやサステナビリティ・リンク・ボンドに同現象がみられるとしている。地方債ではプライマリー市場から明確にグリーニアム現象が生じ始めていることもあり、これからも経常化する可能性は高い。尾谷シニアストラテジストは、発行体が追加コストをかけて実施するサステナブルファイナンスの発展には"適度"なグリーニアムが必要だと説いている。

投資家目線からすれば、同じ発行体のリコース負債で、"信用"リスクの同一な通常の社債とESG債にリターン差が生じることにはなかなか納得がいかない。リターンを犠牲にしてでもサステナブルファイナンスを、という、いわゆる「ESG優先の投資家」ならいざ知らずだ。

そこで、ESG債が通常の社債に比して価格変動リスクの低い債券として認知されるようになることを筆者は期待する（図表4-8参照）。そうなれば、発行体、投資家双方に"Win-Win"となる債券として、ESG債がいわゆる「ESG投資家（ESG優先の投資家）」のみならず、広範な投資家に選好され国内社債市場にしっかり根付くようになるのではなかろうか。社債市場拡大にこれからもESG債が寄与するためには、ESG債が価格変動リスクの低い債券として認知される必要がありそうだ。

ちなみに、ESG債投資はしたい（もしくは、しなければならない）一方で、

グリーニアムなど利回り低下は受け入れがたい投資家にとっては、当面の間、トランジションボンド投資が狙い目ではなかろうか。トランジションボンドは、投資機会が広がる一方で、後述するように、グリーンボンド等に比し需給はタイト化しにくいので、グリーニアムによる利回り低下を避けながらESG債投資を実行するには最適な商品だと考える。

　見てきたように、日本は、クライメート・トランジション・ボンド（CT国債）というトランジション国債を発行する程、国を挙げてトランジション・ファイナンスを推奨している。よって、民間企業からのトランジションボンドの発行も、業種・銘柄の拡大を伴いながら増加しよう。また、トランジションボンドは、後述するようにサステナブルファイナンスを後押しする日銀の気候変動対応オペの対象でもある。一方で、ファイナンスド・エミッションの足枷もあり、一部投資家層（大手金融機関など）はトランジションボンド投資にまだ消極的で、グリーンボンドなど、よりクリーンなESG債とは異なりグリーニアムの圧力が生じ難い。上述の大和証券尾谷シニアストラテジストの計測によれば、現在トランジションボンドには統計的に有意なグリーニアムはまだ経常的には生じていない。

クライメート・トランジション・ボンド（CT国債）

　トランジション国債であるクライメート・トランジション・ボンド（CT国債、GX経済移行債とも呼ぶ）は2023年度第4四半期から発行が開始されている。初年度の2023年度は、計1兆6000億円のCT国債が発行された（2月に10年CT国債8000億円、5年CT国債8000億円）。同債の発行は、呼び水効果として事業会社のトランジションボンド発行を促すことにもつながり得るので注目だ。なお、2024年度は1兆4000億円のCT国債発行が予定されている（10年債、5年債とも3500億円×2回）。

　2023年11月7日に行われた政府の第8回GX実行会議において岸田首相は、「来年から国際認証を受けたGX経済移行債の発行が始まります」「世界で初となる国としてのトランジションボンドであるGX経済移行債は、産業界、アジアにおける同様の取組の呼び水となることが期待されます」と発言した。同日

図表 4-9　GX 経済移行債の資金使途分類

大分類 (グリーンカテゴリー)	中分類 適格クライテリア	代表的な資金使途（適格事業）
1　エネルギー効率	徹底した省エネルギーの推進	- 省エネ機器の普及
	住宅・建築物	- 省エネ住宅・建築物の新築や省エネ改修に対する支援
	脱炭素目的のデジタル投資	- 省エネ性能の高い半導体光電融合技術等の開発・投資促進
	蓄電池産業	- 蓄電池部素材の製造工場への投資
2　再生可能エネルギー	再生可能エネルギーの主力電源化	- 浮体式洋上風力 - 次世代型太陽電池（ペロブスカイト）
	インフラ	- 脱炭素に資する都市・地域づくり
3　低炭素・脱炭素エネルギー	原子力の活用	- 新たな安全メカニズムを組み込んだ次世代革新炉
	カーボンニュートラルの実現に向けた電力・ガス市場の整備	- ゼロエミッション火力への推進 - 海底直流送電等の整備
4　クリーンな運輸	運輸部門の GX	- 次世代自動車の車両導入の支援 - 2030年代までの次世代航空機の実証機開発、ゼロエミッション船等の普及
	インフラ（再掲）	- 脱炭素に資する都市・地域づくり
5　環境適応商品、環境に配慮した生産技術及びプロセス	製造業の構造転換（燃料・原料転換）	- 水素還元製鉄等の革新的技術の開発・導入 - 炭素循環型生産体制への転換
	水素・アンモニアの導入促進	- サプライチェーンの国内外での構築 - 余剰再生可能エネルギーからの水素製造・利用双方への研究開発・導入支援
	カーボンリサイクル／CCS	- カーボンリサイクル燃料に関する研究開発支援
6　生物自然資源及び土地利用に係る持続可能な管理、サーキュラーエコノミー	食料・農林水産業	- 農林漁業における脱炭素化
	資源循環	- プラスチック、金属、持続可能な航空燃料（SAF）等の資源循環加速のための投資

(出所) 内閣官房・金融庁・財務省・経済産業省・環境省「クライメート・トランジション・ボンド・フレームワーク」（令和5年11月）より抜粋

に、発行開始に先立ち、資金使途などのフレームワークを定めた「クライメート・トランジション・ボンド・フレームワーク」が公表され、DNV/JCR の 2 社から外部レビュー（セカンド・パーティ・オピニオン）を取得[53]したことも

---

[53] フレームワークと、ICMA グリーンボンド原則 2021、環境省グリーンボンド及びサステナビリティ・リンク・ボンドガイドライン（2022年版）、ICMA クライメート・トランジション・ファイナンス・ハンドブック 2023、金融庁・経済産業省・環境省クライメート・トランジション・ファイナンスに関する基本指針（2021年5月版）との整合性に関するセカンド・パーティ・オピニオン。

120

同時に発表された。

「クライメート・トランジション・ボンド・フレームワーク」では調達資金の資金使途などが詳細に記されている（図表4-9参照）。CT国債は、将来のカーボンプライシング[54]を償還財源とすることから、受益と負担の観点を踏まえ、民間のみでは投資判断が真に困難な事業に優先順位をつけて、補助、出資、債務保証といった形で充当される。なお、事業実施主体は、政府のGXリーグに参画するGHG多排出企業が中心となるようだ。CT国債のコンセプトとして掲げられているように、同債の発行を通じて民間におけるトランジション・ファイナンスが活性化し、市場参加者としてはできれば同ボンド発行増の呼び水となることが期待される。

日銀気候変動対応オペ

GX投資を促進するツールであるサステナブルファイナンスは、岸田政権の成長戦略の一翼を担うものだ。政府は2023年度から発行が始まったCT国債という新しい国債を通して同ファイナンスの拡大に貢献するが、日銀は気候変動対応オペで貢献する。やはり、ESG化は、不可逆的な社債市場拡大の方向性、原動力と言ってよさそうだ。

日銀は、2021年6月の金融政策決定会合において、金融機関の気候変動対応投融資をバックファイナンスする新たな資金供給の仕組み（気候変動対応オペ）を導入することを決定し、同年12月から実施している（2024年5月現在計5回実施）（図表4-10参照）。日銀は同オペ導入に当り、「市場中立性に配慮することが重要」だとして、バックファイナンスに徹する。同施策を導入した黒田前総裁は、長く議論をした末と発言したが[55]、はたから見ればかなり拙速に気候変動対応オペの導入を決め、気候変動対応投融資を中央銀行がバックフ

---

[54] 化石燃料賦課金、及び電力分野における特定事業者負担金。GX経済移行債は同収入で2050年度までの間に償還することが法定されている。
[55] 黒田総裁は記者会見で、「気候変動問題の中銀の対応は、既に欧州中心に議論が行われている。我々もBIS（国際決済銀行）やその他会議を通じて情報交換。それぞれ色々な制約条件はあるが、やはり中銀として何らかの対応をすべきとの見方が広がっている。その中で日銀の役割、手段を考えた時、かなり長く議論をしてこのタイミングになった」と述べている。

図表4–10 気候変動対応オペの概要

対象先	・共通担保オペ対象先のうち、気候変動に資するための取り組みについて**TCFD提言4項目**[*]**及び投融資の目標・実績を開示している先**・対象先は年1回見直し
対象となる投融資	・**わが国の気候変動対応に資する投融資（国際原則・政府指針及びこれに準じる）** ①グリーンローン／ボンド(含むサステナビリティボンド) ②サステナビリティ・リンク・ローン／ボンド 　（気候変動対応に紐づく評価指標が設定されているもの） ③トランジション・ファイナンスにかかる投融資
資金供給方法	共通担保を担保とする円貨の貸付
貸付利率	ゼロ％(2024年3月21日以降は0.1％に変更された)
貸出促進付利制度の扱い	貸付促進付利制度のカテゴリーⅢ対象（付利ゼロ％） マクロ加算残高への「2倍加算」を適用
貸付期間	原則1年 制度の実施期限（原則、2030年度）までの間、対象投融資の残高の範囲で、回数に制限を設けず、借換可能
開始時期・頻度	初回オペは2021年12月23日、第2回は2022年7月20日 以降、原則年2回

＊①ガバナンス、②戦略、③リスク管理、④指標と目標
(出所) 日本銀行資料より大和総研作成

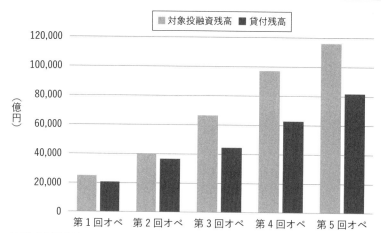

図表4–11　各オペ時点での対象投融資残高と貸付残高

(出所) 日本銀行資料より大和総研作成

ァイナンスすることに乗り出した感は否めなかった。勿論、気候変動に関する日本銀行の取り組み方針はしっかり作成され公表されてはいる。

　5回目の気候変動対応オペは2024年1月29日に実施され（6回目は2024年7月18日）、新たに4兆7268億円が供給され、本オペ全体の残高は8兆1666億円にまで拡大した。サステナブルファイナンスが直接・間接金融ともに拡大していることに加え、オペ対象先も回を重ねる毎に増加したことも残高増に貢献している。オペ対象先の対象投融資残高（2023年9月末）は11兆5726億円とのことなので、その70％が日銀により金利0％（注：6回目以降は0.1％に変更される）でバックファイナンスされたことになる（図表4-11参照）。

　日銀による施策をカタリストとして気候変動対応投融資が増えること、中でも社債市場を通じたESG債発行が増えることは歓迎される。一方で、融資（銀行ローン）需要が主に喚起され、社債発行がクラウディングアウトされることや、オペ対象先金融機関の旺盛な需要でESG債の利回りが押しつぶされること（つまり、グリーニアムの発現・深化）になるのであれば、決して望ましいことではない。

● コラム

中央銀行（FRB/ECB/BOJ）の気候変動対応はまちまち

　日本では、日銀が気候変動対応投融資をバックファイナンスで支援する政策を採っているが、気候変動への政策対応は中央銀行（FRB［連邦準備制度理事会］／ECB［欧州中央銀行］／BOJ［日本銀行］）によってまちまちだ。

　各中央銀行のスタンスの違いは、企業への資金配分やESG債の発展状況に影響を及ぼしかねないので、社債市場にとっても関心事といえよう。

　気候変動は中央銀行の責務にとって重要としながらも、政策対応は限定的だとするのがFRB。一方、ECBは、気候変動を社債買入れや担保受入れなどを通して金融政策運営に深く組み込む決定を下している。そして、気候変動対応オペを導入した日本はといえば、FRBとECBの間のスタンスといえ、各中銀で考え方はまちまちだ。

　FRBは2023年7月18日の議会証言（マイケル・ギブソン銀行監督規制局長）で、ジェローム・パウエルFRB議長の同年の年初発言「中央銀行は気候変動の政策担当ではない」との発言を引用し、気候変動そのものへの対応に関する政策立案の責任は政府にあると明言している。FRBはあくまでも、米国金融機関が気候変動も含めた金融リスク下でもしっかりとその機能を果たせるよう規制・監督するのが役割だと述べている。中央銀行は、法に基づき活動するいかなる企業への銀行によるサービス提供を、気候変動リスクを理由に妨げてはいけない、とも述べている。ECBなど積極的に気候変動リスクに関与する中銀の姿勢とは一線を画している。

　一方、ESG原理主義的、且つサステナブルファイナンス先進地域であるEUでは、ユーロ圏の中央銀行であるECBが、気候変動を社債買入れや担保受入れなどを通して金融政策運営に深く組み込む決定を下している。社債買入れのポートフォリオを、市場ニュートラルなものからカーボンニュートラルなものに変更していくとともに、オペの担保受入れやリスク評価・管理にも気候変動を考慮する。EUは2050年までのカーボンニュートラル達成を宣言しており、そのためには莫大な投資と技術革新が必要。その過

程の移行期にはインフレを招く可能性があり、一部の資本ストックは余剰となり金融リスクを誘発するかもしれない。よって、ECBにとっても気候変動は無視できず、価格の安定や金融システムの安定を担うECBの目的に直接影響を与える課題だと認識されている。

　日銀は、2021年6月の金融政策決定会合において、気候変動対応投融資をバックファイナンスする新たな資金供給の仕組み（気候変動対応オペ）を導入することを決定し、同年12月から実施しているのは上述した通りである。ちなみに、筆者の認識では、植田現総裁は未だに日銀総裁としての気候変動対応へのスタンスを明確にはしていないように見受けられる。経済学者として植田総裁は、気候変動対応に中央銀行が金融政策で対処することに否定的な立場（GHG排出のような外部不経済への対応は、金融政策ではなく財政政策を用いるべきとの立場）を示していた[56]。植田総裁から日銀の気候変動対応政策に対する見解をお聞きしてみたいものである。

56　2021年1月10日付け日経ヴェリタス紙「異見達見」及び2021年12月22日付け日本経済新聞「経済教室」より。

ESG債投資に税制優遇を要望（日本証券業協会）

　日本証券業協会（日証協）は、6年連続でSDGs（持続可能な開発目標）推進のための税制措置を要望（直近は「令和6年度税制改正に関する要望」）してESG債投資を後押ししようとしている。しかし、残念ながら、未だに実現はしていない。

　具体的には、一定の要件を満たすグリーンボンド、ソーシャルボンド等のESG（SDGs）債への投資に当たり、個人投資家については所得税・住民税の、法人投資家については法人税の、特別控除制度創設を要望している（図表4-12参照）。

　一定の要件、つまり税制適格債券の基準としては、政府機関が資金使途をSRI（社会的責任投資）に限定して発行する債券や、地方公共団体・事業会社が環境省・ICMA（国際資本市場協会）のグリーンボンド原則等に則って発行

図表4-12　社会の持続的な発展に貢献する金融商品への投資に
　　　　　対する税制優遇措置の創設

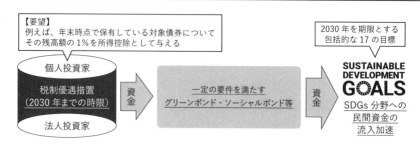

(出所) 日本証券業協会、投資信託協会、全国証券取引所協議会「令和6年度税制改正に関する要望」【要望項目説明資料】
　　　（令和5年9月）より抜粋

する公募債などが考えられるとされている。なお、調達資金の使途などに関し、政府又は、第三者機関の認証を得ることなども要件としている。

　ESG債に関しては、環境省や経産省が発行体の追加コストに補助金を出すなどの政策措置を実施して、発行インセンティブを高めている。要望している税制優遇制度のように、投資家側にも優遇措置が創設されれば、投資インセンティブを高めることにつながろう。

　グリーンボンド等のESG債に関して投資家側からは、資金使途が限定されているなど調達資金がSDGsに貢献するのはよいが、発行体のリコース負債で通常の社債とリスクが変わらないので投資意欲が湧かないとの声が未だに聞かれる。よって、税制優遇という差別化がなされれば、グリーンボンド等への投資意欲を掻き立てよう。日証協が示すように、SDGs分野への民間資金の流入加速が期待できる。発行体（供給）・投資家（需要）双方へのインセンティブが高まれば、成長著しいESG債の発展は更に確実なものとなり得るだろう。同要望は6年連続ではあるものの、引き続きまだ業界団体である日証協主体で行われている。粘り強く要望し続けることが肝要だが、金融庁・環境省など関連省庁からも同種の要望が挙がり実現可能性が増すことを期待したい。

126

第 5 章

メザニン化の
方向性

メザニン社債とは

　社債市場に身を置く者としては、メザニン社債（シニア債ではなく、劣後債やハイブリッド証券[57]などによる資金調達）の拡大を、なんとか社債市場の活性化につなげたい。筆者は、つなげられると信じている。

　規制対応として継続発行される金融機関のメザニン社債発行をベースにした上で、一度増加したが近年発行が低迷している事業会社のハイブリッド証券の再度の発行増を実現したい。加えて、できればシンプルな劣後債の発行にも期待したい。

　メザニン社債への投資は、社債のデフォルト率（PD値）を高めることなく（言い換えれば、発行体格付けを下げることなく[58]）、デフォルト時損失率（LGD）を高めることで（シニア債を劣後債にすることで）利回りアップを実現する手法である。日本の社債市場が"シングルA格以上"化し、それが益々進行する中で、狭義の信用リスクであるPD値を高めることなくプラスアルファの利回りを確保する手段であるメザニン社債は、様々なリスク・リターンを社債投資で確保する上で必要だ（発行体が同じシングルA格でも、シニア債よりメザニン社債は利回りが高くなる）。

　最近は、日本企業によるメザニン・ファイナンス[59]が花盛りだ。様々なメザニン・ファイナンスが日本企業により実行され、資金調達手段の多様化が進みつつあることは、メザニン社債の活性化にもつながり得るので歓迎される。ファーストペンギンになるとソフトバンクが先鞭をつけた社債型種類株は、続いて海に飛び込むペンギンが増えているし[60]、CB（転換社債型新株予約権付社債）の発行も増加している。また、嬉しいことに、2022、23年度と低調な発行が続いてきた事業会社のハイブリッド証券も、ようやく新規発行案件が増えてきている（不二製油グループ本社、大和ハウス工業、武田薬品工業、日本製鉄など[61]）。

57　本書でのハイブリッド証券は、資本性を具備した劣後債の意。
58　メザニン社債（劣後債やハイブリッド証券）の個別債券格付けは発行体格付けからノッチダウンされるが、発行体の格付けは変わらない。
59　ハイブリッド・ファイナンスとも呼ばれる。
60　インフロニア・ホールディングス、東海カーボン、楽天グループなど。
61　いずれも、過去に発行したハイブリッド証券の初回コール（早期償還）実施に伴う再調達（リプレイスメント）ではあるが。

図表 5 - 1　メザニン社債は発行体を拡大しつつ成長

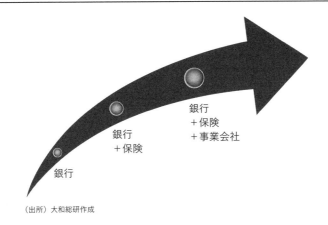

(出所) 大和総研作成

　東証が上場企業に対して資本コストや株価を意識した経営の実現を促し、PBR 向上や ROE 向上を意識させたこともメザニン・ファイナンス増加の一因と考えられる。メザニン調達は、商品毎に会計上、格付け上、そして規制上の「負債」、「資本」の定義がそれぞれ異なる。こうした違いを巧みに利用して、バランスシートの調達側の負債/資本構成を調節し、望む姿に近づけていく上で、メザニン・ファイナンスは有効な手段となる。

メザニン社債発展の歴史

　メザニン社債は、銀行、保険会社といった金融機関からその発行が始まり、その後、事業会社へと発行主体を広げることで発展してきた（図表 5 - 1 参照）。銀行は自己資本比率規制（現在はバーゼルⅢ）上の必要性からメザニン社債（AT1 債[62]／Tier2 債）を発行する[63]。保険会社も資本規制にあたる現行のソルベンシーマージン規制、そして 2025 年から導入が予定される経済価値ベースのソルベンシー規制（ESR 規制）対応の必要性から劣後債を発行する。一般事業

62　Additional Tier1 債のことで、その他 Tier1 債ともよぶ。
63　銀行の自己資本比率規制の内容については、大和総研金融調査部制度調査課　吉井一洋編著・金本悠希・小林章子・藤野大輝著『詳説　バーゼル規制の実務』（金融財政事情研究会／2019）を参照願いたい。

図表5-2　金融機関（銀行＆保険）による年度別メザニン社債発行額

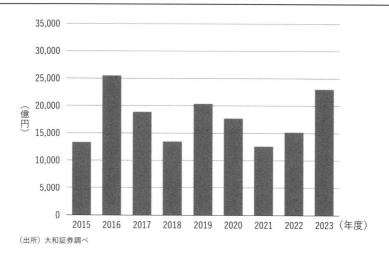

（出所）大和証券調べ

図表5-3　事業会社による年度別メザニン社債発行額

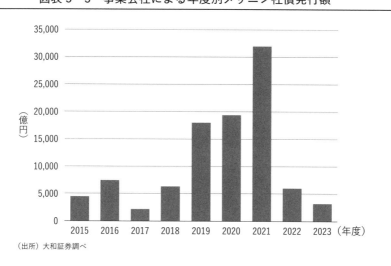

（出所）大和証券調べ

会社には金融機関のような資本規制は存在せず、規制対応でのメザニン社債発行の必要性はない。しかし、格付け対応（信用悪化の防止）、株主対応（希薄化の防止）を含め、株式とシニア債務といった単純な資本・負債構成の調節を目的としてメザニン社債の活用が行われるようになってきた。

以下、銀行発行のAT1債／Tier2債、保険会社の劣後債といった継続的に発行されるメザニン社債（図表5-2参照）、そして、これからの社債市場の拡大、活性化に資すると考える事業会社のメザニン社債（図表5-3にあるように、2021年度までは順調に発行が増加していたが、それ以降は発行減となっている）の順に、その商品性やリスク特性を見ていきたい。

投資家には各メザニン社債の商品性・リスク特性を理解した上で、今まで以上にメザニン社債を運用に活用していただきたい。また、発行体、特に事業会社には、メザニン社債を財務戦略として積極的に活用することを考えていただきたい。そうすれば、メザニン化が社債市場拡大に向けた原動力となり得る。

銀行発行のメザニン社債（AT1債／Tier2債）

AT1債（その他Tier1債）

2023年3月、スイスの大手金融機関であるクレディ・スイスをUBSが救済買収するにあたり、クレディ・スイス発行のAT1債が全損の憂き目にあった。この事象をきっかけに、AT1債が俄然市場の注目を浴びることになった。AT1債というかなり特殊な社債の呼称も、いまでは一般的に使われるようになっている。

筆者は、AT1債を「債券の衣を纏った株式」と表現し、その商品性は「債券」とはかなり異なると捉えている。AT1債投資にあたっては、通常の「債券」とは似て非なる商品性を踏まえた上で、投資判断やリスク管理を行うことを推奨したい。

バーゼルIIIの自己資本比率規制（国際統一基準行）でTier1資本[64]に算入可能なAT1債（その他Tier1証券）には、

① 企業継続時の損失吸収性
② 償還期限の不確定性
③ クーポン支払いの完全裁量性
④ 実質破綻時の損失吸収性

---

[64] 企業継続ベースの自己資本（普通株式や内部留保など普通株等Tier1資本と、優先株やAT1債などのその他Tier1資本からなる）。

図表 5-4　AT1 債の商品概要図

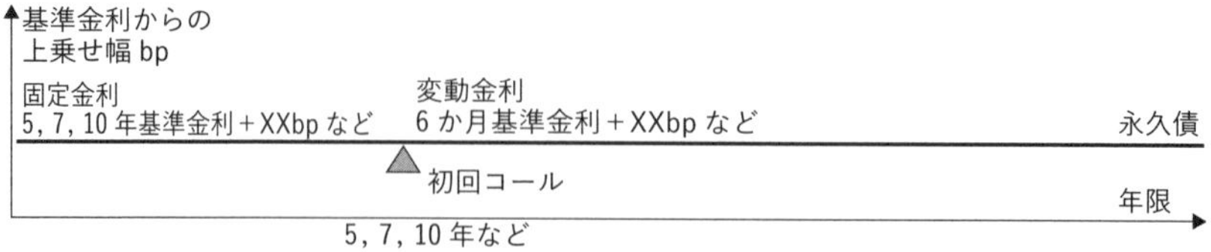

```
▲基準金利からの
  上乗せ幅 bp
  固定金利                         変動金利
  5, 7, 10 年基準金利＋XXbp など    6 か月基準金利＋XXbp など                  永久債
                              ▲ 初回コール
                                                                          年限
                              5, 7, 10 年など
```

（出所）各種資料より大和総研作成

⑤　残余財産分配時の劣後性

という特徴を備えている必要がある。こうした AT1 債の商品性を規定するのは、国際的な自己資本比率規制、いわゆるバーゼルⅢであり、かつ、その内容を盛り込んで決められた各国・地域の自己資本比率規制となる。よって、AT1 債と一口に言っても、その商品性は各国・地域によってまちまちだ。以下は国内の AT1 債を例にとって商品性を概説する（図表 5-4 参照）。

AT1 債には、ゴーイング・コンサーン（企業継続時）での損失吸収力を有することが求められる（①企業継続時の損失吸収性）。損失吸収の手段は、1）元本の部分的削減、2）同完全な削減、そして 3）普通株への転換、と様々な形をとり得るが、日本の場合は、1）の部分的削減が採用されている。発行金融グループの連結普通株等 Tier1（CET1）比率が 5.125％を下回ると、元本毀損（連結 CET1 比率 5.125％を回復するのに要する額の元本を削減）が発生する。なお、発行金融グループの連結 CET1 比率が十分に回復、維持できると当局（金融庁）が判断すれば、削減された元本が回復する特約が付されている（注：当初は同特約なしの発行もあった）。

②償還期限の不確実性、③クーポン支払いの完全裁量性、も AT1 債には求められる。つまり、AT1 債は元本償還、クーポン支払いの両方の選択肢を発行体に売り渡してしまっている（つまり、オプションを売ってしまっている）。よって、元本償還、クーポン支払いが確実に行われるか否かは、発行体の意思次第だ。AT1 債には償還期限の定めがあってはならないことから、永久債として発行される。一方、発行後 5 年以降であれば発行体によるコール条項（早期償還）を付与することは可能。しかし、コールの蓋然性を高めるステップアップ金利を付与することは適わない。この点は、後述する 100bp までのステップア

ップ金利付与が許されている保険会社や事業会社[65]のハイブリッド証券とは異なる点だ。AT1債のクーポン支払いの停止には、発行体の完全な裁量が働く必要がある。よって当たり前だが、発行体の裁量によるクーポンの支払い停止はAT1債のデフォルト事由にはあたらないし、未払いのクーポンは累積されない。また、分配可能額を超えた利払いの実施も許されない。

　以上までが、AT1債特有の商品性といえるもので、残る④実質破綻時の損失吸収性、⑤残余財産分配時の劣後性、に関しては、Tier2資本[66]であるTier2債（B3T2[67]）などその他の資本性証券にも備わる、いわゆるゴーン・コンサーン（実質破綻時）での損失吸収力特性だ。日本の場合、具体的には発行金融グループが金融庁により債務超過認定され、「預金保険法126条の2、特定2号措置」が発動された場合に、AT1債の元本は完全に削減され、損失を吸収する役目を負う。また、倒産手続き時（会社更生法・民事再生法・特別清算）の残余財産の分配に関しては、普通株には優先するが、優先株とは同順位、その他劣後債を含むその他の債務には劣後する。

　以下に、AT1債の3大リスク（ノン・コールリスク／利払い停止リスク／元本毀損リスク）について、その起こり得る順番とともに整理しておきたい。

　AT1債のリスクで最も早く起こり得るのはノン・コールリスクだ。AT1債は永久債、コール付きではあるが、ステップアップ金利を付与することができず、その資本性はいつまでも継続するので、発行体にコールインセンティブは働かない。よって、投資家が期待した償還期日に元本償還があるとは限らない。いわば、ノン・コールリスクが存在する。再調達コストが既存AT1債より安ければ（発行スプレッドが既存債よりタイトであれば）、コールをかけ既発債を償還し再調達することになる。しかし、コスト高になるのであれば、経済合理性から発行体は、ノン・コールを選択するのが合理的判断だ。実際、AT1債のノン・コール事例は事欠かない。市場では、レピュテーション・リスクを恐れ、発行体がコールを選択するという考え方が根強くあるが、筆者はこうした考え方には与しない。

65　格付け会社によっては100bpのステップアップ金利付与が適わない場合もある。
66　実質破綻時の自己資本（劣後債、劣後ローン、一般貸倒引当金などからなる）。
67　バーゼルⅢ準拠のTier2債なので、B3T2と記すこともある。

次に起こり得るAT1債のリスクは、発行体の完全裁量となっている利払い停止のリスクである。AT1債は自己資本比率規制（バーゼルIII）により、CET1比率の資本保全バッファー等の部分（最低所要水準4.5％に上乗せが必要な所要水準部分[68]）が目減りしてくると資金の社外流出が制限されるため、利払い停止のリスクが顕在化し得る。現在の日本のメガ・フィナンシャルグループ（FG）で言えば、みずほFGや三井住友FGであればCET1比率が8％を切ると、三菱UFJFGであれば8.5％を切ると、社外流出制限がかかることになる。規制強化で自己資本が充実しているグローバルな金融グループで、AT1債の利払い停止が生じた事例は聞かないが、事例がまったくない訳ではない。中国の民間銀行である錦州銀行は2019年9月1日、CET1比率が5.14％にまで低下したことを理由に[69]、AT1債のクーポン支払いをスキップすると発表している。

そして、最後のリスクは、クレディ・スイスで起きたようなAT1債の元本毀損のリスクである。各国・地域のAT1債の商品性により元本毀損となるCET1比率のトリガー水準（7％や5.125％）や事由は異なるものの、AT1債は元本毀損が生じ得る。日本の場合は、上述したように部分的削減が採用され、発行金融グループの連結CET1比率が5.125％を下回ると元本毀損（連結CET1比率5.125％を回復するのに要する額の元本を削減）が発生する。なお、発行金融グループの連結CET1比率が十分に回復、維持できると当局（金融庁）が判断すれば、削減された元本が回復する特約が付されている（注：当初は同特約なしの発行もあった）。

以上、AT1債の3大リスク（ノン・コールリスク／利払い停止リスク／元本毀損リスク）を見てきたが、奇しくも、クレディ・スイスの事例により、3つのリスクがすべて顕在化したことになる。

上述してきたようなAT1債の商品性を見て、同証券を「債券」と見なせるだろうか？ 一般的な債券の特徴は、"Fixed Income"と英語で表記されるように、クーポンおよび元本のキャッシュフローが定まっていること、また、発行体が倒産しなければ、元本毀損は生じないことだ。しかし、AT1債は、クーポ

---

[68] 銀行の規模や地域により異なるが、純粋な資本保全バッファーに加え、カウンター・シクリカル・バッファーやG-SIBs、D-SIBsに要求されるもの、また地域特有のバッファーも含む。
[69] 元本毀損のトリガーである5.125％を上回っていたので、元本毀損までは行われていない。

図表 5-5　AT1 債の格付けの考え方（三菱 UFJFG を例に）

格付け会社	AT1債格付け(a)	格付けの考え方	主要銀行格付け(b)	(b)−(a)
R&I	A	グループ全体の信用力（AA）▲3ノッチ	AA	▲3
JCR	A	発行体格付け（AA）▲3ノッチ	AA	▲3
S&P	BB+	グループ・スタンドアローン評価「a」▲5ノッチ	A	▲5
MDY	Baa3	主要銀行子会社の調整後ベースライン評価「a3」▲3ノッチ	A1	▲5

（出所）各格付け会社資料より大和総研作成

ン支払いおよび元本償還の両方の選択肢を発行体である金融持ち株会社に売り渡してしまっており（つまり、オプションを売ってしまっている）、クーポン、元本償還が確実に行われるか否かは発行体の意思次第である。また、発行体が倒産にまで至らずとも、元本毀損も生じ得る。従って、AT1 債は、債券のような衣を纏ってはいるものの、クーポンの支払いは不確実で（株式の場合は配当だが）、償還期日も不明確（株式の場合は償還期日はない）、かつ元本毀損も生じ得る（株式の場合は価格が低下）株式に近い金融商品であると捉えるべきだ。しかし、どうも日本では、そう捉えられてはいないようだ。

　AT1 債の格付けは、銀行の格付け（FG 内の主要銀行の格付け）から大きくノッチダウンされている。つまり、AT1 債については、主要格付け会社が揃って相応のリスクを感じていることを示している。AT1 債の格付けの考え方は、格付け会社によってまちまち。S&P/MDY といった外資系格付け会社を含め、主要格付け会社 4 社の AT1 債の格付けの考え方を上表に示す（図表 5-5 参照）。相対比較のために、金融グループ内の主要銀行の格付け（三菱 UFJFG の場合は、三菱 UFJ 銀行など）とのノッチ差で比較すれば、R&I/JCR でも▲3ノッチで、S&P/MDY は▲5ノッチに及ぶ。よって、三菱 UFJFG の AT1 債の場合、日系格付け会社（R&I/JCR）ではシングル A 格が付与されるが、S&P/MDY では、BB+/Baa3 とかなり低くなる。

　日本で AT1 債は、3 メガ FG を筆頭に信用力と知名度に安心感のある金融機関が発行する高利回りの「債券」として人気が高い。殆どの投資家が期待する初回コール日での早期償還も、今のところ、滞りなく行われている。但し、AT1 債が初回コール日で償還されるのは、あくまでも発行体にとって経済合理

性があるからで、そうでない局面が訪れれば、海外ではもう当たり前となっているように、初回コールがスキップされることもあり得ると考えるべきだ。また、クレディ・スイスの事例により、AT1債の元本毀損リスクも目の当たりにすることになった。通常の「債券」とは似て非なるAT1債の商品特性を今一度見直した上で、投資判断やリスク管理を行うことを推奨したい。

Tier2債（Tier2劣後債）

バーゼルⅢの自己資本比率規制（国際統一基準行）のゴーイング・コンサーン（企業継続時）資本であるAT1債に比して、ゴーン・コンサーン（実質破綻時）資本であるTier2債の商品性はシンプルだ。

AT1債に求められる①〜③の要件は必要なく、④実質破綻時の損失吸収性、⑤残余財産分配時の劣後性、を満たせば足りる。AT1債の商品性で見たように、Tier2債にもゴーン・コンサーン（実質破綻時）での損失吸収力特性は必要で、発行金融グループが金融庁により債務超過認定され、「預金保険法126条の2、特定2号措置」が発動された場合に、元本は完全に削減され、損失を吸収する役目を負う。また、倒産手続き時（会社更生法・民事再生法・特別清算）の残余財産の分配に関しても、Tier1資本には優先するが、その他の債務（シニア債や預金など）には劣後する。

Tier2債は、AT1債とは異なり償還期限を定めることが可能（但し、発行後5年以上が必要）。償還期限前の早期償還も可能で、原則として発行後5年経過後であれば発行体による任意償還（コール）ができる。したがって、ブレット型のTier2債のみならず、コール付きのTier2債も多く発行されている（図表5-6参照）。但し、コールの蓋然性を高めるステップアップ金利を一定期間後（例えば初回コール日後）に付与することはAT1債同様適わない。では、Tier2債もAT1債同様にノン・コールリスクを懸念する必要があるかといえば、そうでもない。なぜなら、Tier2債は残存期間が5年を切ると毎年20％ずつ資本算入額が減額されるので、それを避けたい発行体には、コールをかけTier2債を再発行するインセンティブが働くからだ。

なお、後述するが、予防的公的資金注入の制度が厳然と温存されている日本の銀行の破綻処理制度の下では、Tier2債の元本毀損リスクは高くはないし、

図表5-6 Tier2債の商品概要図

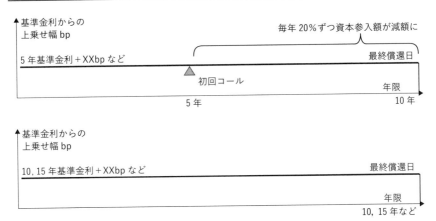

(出所)各種資料より大和総研作成

そもそもAT1債のような利払い停止リスクも存在しない。よって、日本の金融機関が発行するTier2債のリスクはAT1債に比しかなり低いといえ、その考え方は市場でもコンセンサスになっている。よって、日本ではメガFGのTier2債の多くがリテール向け債券としても発行されている（第8章で論ずる社債市場をリテール化の方向性で広げる一つの手段にもなっている）。

●コラム

クレディ・スイス　幻の破綻処理からの教訓

　2023年3月、米シリコンバレーバンク（SVB）の破綻に端を発した米国銀行金融仲介での信用不安は、スイスの大手行であるクレディ・スイス（CS）に飛び火した。CSはUBSにより救済買収され、その過程でCS発行の既存AT1債は全損の憂き目にあった。その後公表された金融安定理事会（FSB）の報告書「2023年の銀行破綻：破綻処理への暫定的な教訓」（2023 Bank Failures: Preliminary lessons learnt for resolution）などをもとに、CS事例から導き出される幾つかの一般的教訓について取り上げてみたい。

　まず、CSは結局破綻処理されなかったので、G-SIBs（グローバルなシステム上重要な銀行）の破綻処理はこれからも行われそうにないと高を括るのは間違いだ。むしろ逆で、G-SIBsの破綻処理は今後実行に移される可能性があると考えるべきだ。CSの事例では、1）商業的合併、2）破綻処理、そして3）救済・国有化を検討の俎上に載せたそうだが、3）の救済・国有化（つまりベイルアウト）は早々に候補から外れている。また、2023年3月19日にUBSとのディールが纏まらなければ、破綻処理を実行する予定であったことも、G-SIBsの破綻処理が現実味を帯びているなによりの証拠だ。FSBもCSの事例を受け「破綻処理のフレームワークが機能しないと結論付けるのは間違いだ」と報告書で述べている。

　次に、G-SIBsの破綻処理が行われれば、ベイルイン債券（資本性証券やTLAC[70]適格債）は損失を被ることを認識すべきだ（勿論、債権の優先劣後順位に従って）。これは、破綻処理が現実味を帯びているのだから当然の教訓といえる。CSの事例では、破綻処理が実行されていれば、規制資本（株式やAT1債、Tier2資本）のみならず、TLAC適格債（CSの場合は持株会社発行のシニア債：Holdco）も含め全てベイルイン（損失負担や株式転換）される予定であった。救済買収の過程でAT1債のみが全損になったと非難

---

[70] Total Loss Absorbing Capacity：総損失吸収力。

されたが、もし破綻処理が実行されていれば、ベイルイン債券保有者はすべからく損失を被ったことになる。CSの場合、AT1債約160億スイスフラン（2兆6000億円）が影響を受けたが、もし破綻処理が行われていれば、約500億CHF（8兆2500億円）のTLAC適格債保有者もベイルインの憂き目にあっていたことになる。

　CSの事例を見ると、G-SIBsのベイルイン債券は本来リテール投資家向けとはよべず、プロ向け債券だと考えるべきかもしれない。CSの事例では、TLAC債（注：資本性証券を含めた広い概念）がリテール投資家に販売されたとの認識がないことから、全てに損失負担を負わせる予定とされた。裏を返せば、TLAC債が明らかにリテール投資家に販売されていた場合には、ベイルインを阻害する要因になっていたとも考えられる。また、次の教訓で示すように、グローバルな大手投資家は、CSは破綻処理されてもおかしくないと考えていたことと併せても、G-SIBsのベイルイン債券は、とてもリテール投資家向けとはよべそうもない。つまり、プロ投資家はベイルインの可能性を事前に認識できていた一方で、リテール投資家を含め一般的にはCSが破綻処理されるとは考えられていなかった節がある。

　ここからは、より深刻な教訓に入っていく。FSBの報告書を見て筆者は最初青ざめた。もしCSがUBSによる救済合併ではなく破綻処理がなされていれば、2023年3月20日はリーマンショック（2008年9月15日）に並ぶ日、つまり金融危機の発生点になっていたのではないかと感じたからだ。しかし、報告書をよく読むとどうやらそれは間違いで、CSの破綻処理は時間をかけ準備が行われていた上、金融市場にとっても決してサプライズではなかったようだ。勿論、もしCSが実際に破綻処理されていたらグローバルな金融市場がどうなっていたかは分からないが……。CSの危機対応は、スイス金融当局（FINMA）と主要海外当局（残念ながら日本は含まれていなかった模様）との間で、なんと2022年の夏から行われていたというから驚きだ。また、破綻処理のための資産査定も、2023年3月のみならず2022年11月時点でも行われている。金融市場はこうした準備を知り得なかったと推察するが、グローバルな大手投資家（13の投資家）への事後的なヒアリングによれば、CSは破綻処理されると予想されていた（つまり、CSの破

綻処理はサプライズではなかった）というから驚きだ。

　最後に、CS事例からの教訓として、銀行の信用評価は難しいことを指摘したい。上述したように、事後的なヒアリングによればグローバルな大手投資家はCSの破綻を予見していたというが、筆者も含め皆様はどうだっただろうか。FINMAによれば、CSは十分な規制資本を保有していたものの、流動性の観点では存続不能と判断して破綻処理の実行を予定していた。CSの2022年末のCET1比率は14.1％と高水準、それだけではなく流動性カバレッジ比率（LCR）も144％と十分な水準を確保していた。また、低下していたとはいえ、CS持株会社の格付け（S&PやMDY）はBBB格と投資適格級（IG）だった。そんな状況の銀行に向けて、水面下では当局により破綻処理の準備がなされていたというから驚きだ。CSの事例は、銀行の信用力評価がいかに難しいかを物語る。筆者にこうすれば、という回答がある訳ではないが（すぐにできることは、市場で「悪評」？のうわさが絶えない銀行を投資対象から外すことぐらいか）、ビジネスモデルの存続可能性（預かり資産減といった顧客離れ含め）や預金流出のスピードの速さなどは、今まで以上に銀行の信用評価上重要なことが見えてくる。

日本の銀行の破綻処理制度

　本邦G-SIBs等（3メガFGと野村ホールディングス）が実質破綻した場合の秩序ある処理（破綻処理）について概説しておきたい。そうすることで、銀行発行債券の損失発生タイミングやそのリスクが見えてくる。

　本邦G-SIBs等の処理戦略として、金融庁はSPE[71]アプローチを採る。これは持株会社形態を持つ本邦3メガFGなどの組織構造を踏まえた選択といえる。SPEアプローチは、単一の当局が金融グループの最上位に位置する持株会社に対して破綻処理権限を行使し、当該金融グループを一体処理する方法だ。同手法を採るために調達された外部TLAC（注：CET1／その他Tier1／Tier2な

71　Single Point of Entry.

図表 5-7　外部 TLAC の調達と内部 TLAC の分配模式図

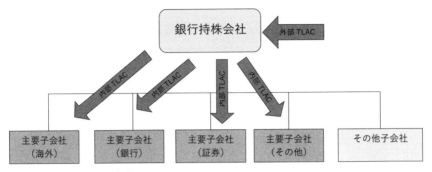

(出所) 金融庁資料より大和総研作成

図表 5-8　本邦 G-SIBs 処理の模式図

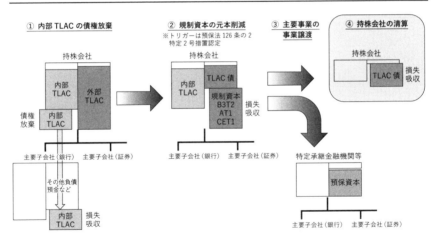

(出所) 金融庁資料より大和総研作成

ど規制資本に加え TLAC 債を加えた概念) は、主要子会社にその規模等に応じて分配されることになる (図表 5-7 参照)。

　金融庁が示した破綻処理の典型例によれば、最終的には金融持株会社の法的倒産手続きにまで至ることになるが、そこに至るまでには、以下示すようなプロセスを経る (図表 5-8 参照)。よって、破綻処理の中で、AT1 債や Tier2 債 (B3T2) の元本の完全削減は後述の②のプロセスで、そして TLAC 債の元本毀

図表 5-9　各種債券の損失タイミングと期待損失率

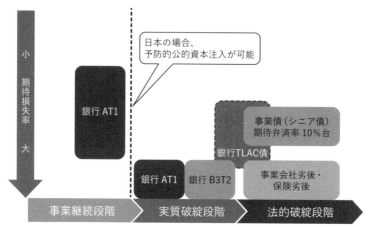

(出所) 大和総研作成

損リスクは④のプロセスで発生することになる。

　ここで、念のため付言しておきたいのは、同プロセスは実質破綻認定が行われることを想定した破綻処理のプロセスであることだ。それ以前の段階、つまりG-SIBs等が過少資本となった際（具体的にはCET1比率が5.125%を切った際）から、既にAT1債の元本削減は始まっていることは是非認識しておいてもらいたい。

① 信用状況が悪化した主要子会社の損失を、持株会社が内部TLACを債権放棄することにより吸収する。

② 主要子会社の損失を吸収した銀行持株会社が、債務超過やその恐れがあるとされると、金融危機対応会議を経て内閣総理大臣により預金保険法126条の2の特定2号措置認定が行われる（なお、この段階でベイルイン条項が付くAT1債やTier2債［B3T2］など規制資本の元本の完全削減が行われる）。

③ 破綻持株会社は、金融システム上重要な事業などを特定承継金融機関等（ブリッジバンク）に譲渡する。

④ 破綻持株会社を清算型の法的破綻手続き（破産手続き）により処理する。

図表 5 - 10　預金保険法による金融セーフティネット

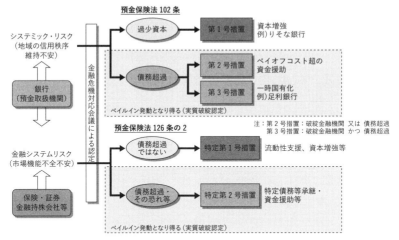

(出所) 金融庁資料、預金保険法より大和総研作成

　　TLAC債は破綻持株会社に承継されるため、この過程で損失が確定することになる。

　上記のような破綻処理プロセスを押さえておくことは、各債券のリスク特性を理解する上で重要だ。一方で、もう一つ重要なことは、上記破綻処理プロセスが実際に発生する可能性をどう考えるかだ。

　結論から言えば、日本では、予防的公的資金注入の制度が厳然と温存されているので、上記破綻処理プロセスに入る可能性は低いと考えられる。日本の場合、銀行救済において公的資金の活用は避けようとの国際的合意事項（ベイルアウトからベイルインへのパラダイムシフト）はなんのその、「仏作って魂入れず」の状態であるのが実状だと筆者は考えている。

　日本の場合は、金融危機対応会議による認定を条件に、金融機関が債務超過でない状況であれば実質破綻状態とは見なされず、公的資金の注入が可能だ（図表 5 - 10 参照）。りそな銀行に予防的に公的資金を注入した預金保険法102条第1号措置が存在する他、金融システムリスクに備え新たに付け加えられた預金保険法126条の2特定1号措置でも、金融機関（金融持株会社や保険・証券にも）に対し公的資金の注入が可能である。

よって、実質破綻認定がトリガーとなる B3T2 や TLAC 債などの損失発生リスクは極めて低いとのコンセンサスが市場では出来上がっており、格付け会社もこうしたコンセンサスに基づいて格付けをしているのが実状だ。

日本の Tier2 債／TLAC 債（日本の常識は世界の非常識）

　日本のメガ FG などが発行する Tier2 債／TLAC 債のリスクが、世界のそれと比して小さいこと、「日本の常識は世界の非常識」と言っても過言ではないことを紹介したい。

　AT1 債を除く日本の Tier2 債／TLAC 債の格付けは、子銀行シニア格付けとの格差が 0 〜 ▲2 ノッチ程度と小さい。これは欧米の同証券の格付けとは大きく異なり、「日本の常識は世界の非常識」と言っても過言ではない状態だ。例えば米国大手銀グループの TLAC 債（持株シニア）の格付けは子銀行シニア格付けから 2 〜 3 ノッチ低いのが一般的で、Tier2 債ともなれば、3 〜 5 ノッチ低いのが一般的だ。

　こうした特異な状況が生まれるのは、バーゼルⅢ、TLAC 規制の導入で、グローバルには金融機関の破綻処理がベイルアウト（納税者負担）からベイルイン（債権者負担）へ大転換しているにもかかわらず、日本には厳然とベイルアウトの法制が残るためだ。日本の場合、預金保険法 102 条第 1 号措置、同 126 条の 2 特定第 1 号措置により過少資本での資本注入が可能だ。

　日本の場合、バーゼルⅢや TLAC 規制といったグローバルに決まった規制内容を忠実に取り入れているかのように見せかける（？）一方で、ベイルアウトの成功体験から（約 3 兆円の公的資金を破綻前注入したりそな銀行が同資金を完済した事例が象徴的）ベイルインへのパラダイムシフトは制度上まだ完全には起きていない。こうした日本の特殊性を各格付け会社も認識しており、格付け手法や実際の格付け水準として表現している。

　TLAC 債を含めた資本性証券の発行は、邦銀のみならず、欧米銀行も実施している。欧米の銀行が発行する同種証券のリスク特性や格付け水準を、邦銀のそれを基準として考えることは危険である。

第5章 メザニン化の方向性

● コラム ●

日本振興銀行事例から見る劣後債の回収率

　本邦G-SIBsの破綻処理制度を見れば、ゴーン・コンサーン資本であるTier2債（劣後債）の元本毀損リスクはそう大きくないと感じるかもしれない。それはそれで正しいのだが、ひとたび銀行が実際に破綻処理されれば、劣後債は大きな元本毀損リスクに晒される。そのことを日本振興銀行の事例で見てみよう。

　2010年9月に起きた日本振興銀行の破綻は、日本初のペイオフ発動事例となり1000万円超の預金者が損失を被ったことに加え、劣後債権の弁済率がゼロであることを示した事例としても是非覚えておきたい。預金保険機構によれば、ペイオフ超（1000万円超）預金の弁済率は最終的に合計約61％となったことが分かる（第1回弁済で39％、中間弁済で19％、そして最終弁済で2.95686％がそれぞれ弁済されている）（図表5-11参照）。なお、同業務を担った日本振興清算株式会社は、2017年5月19日、清算手続きを完了し（全ての弁済を完了）、法人としても消滅している。

　社債市場関係者にとってより重要なのは、劣後債権の弁済率が0％であ

図表5-11　日本振興銀行債権の弁済率

	【回収率】
預金（1000万円まで）	100%
預金（ペイオフ超）＋その他債権	61%
劣後債権	0%

（出所）預金保険機構資料より大和総研作成

ったという事実だ（図表5－11参照）。日本振興銀行は、破綻時に約4億円の劣後債務を負っていたが（資金提供者からすれば劣後債権）、民事再生計画の中で全額支払い免除となっている（債権者からすれば回収率0％）。このように、銀行劣後債に劣後事由が発生すれば、まず回収は見込めない。なお、現在発行が行われているバーゼルⅢ準拠の銀行劣後債には実質破綻時に損失を吸収する条項（いわゆるベイルイン条項）が付いているが、トリガーが発生すれば、元本が完全に削減される特約（実質破綻時免除特約）となっているのも肯ける。

　日本振興銀行は、当時もてはやされた金融コンサルタント木村剛氏が中心となり設立され、定期預金を調達源に中小企業向け融資を専門に行う銀行だった。ノンバンクからの買取債権や親密企業への融資が不良債権化し、日本振興銀行は債務超過に陥り経営破綻した。2010年9月10日、金融庁にその旨を申し出ると同時に東京地裁に民事再生法の適用を申請した。金融庁は預金保険機構を金融整理管財人に選任し、同機構の下で、破綻・再生処理が行われた。日本振興銀行の破綻は、当時大きく報道されたように、預金者にとっては日本初のペイオフ発動事例となったと同時に、劣後債権にとっては日本初の劣後事由発生事例にもなった。

図表5－12　日本振興銀行の破綻・再生処理模式図

概算払い率算定時の日本振興銀行の資産評価
単位：百億円

	破綻日 2010/9/10 残高	評価額	比率%
資産			
現金預け金	15	15	100.0%
有価証券	5	4	80.0%
貸出金*1	43	6	14.0%
有形・無形固定資産	1	0	0.0%
その他資産	1	0	0.0%
諸費用*2	−	−3	
資産合計 (a)	64	22	34.4%
負債			
預金	58	58	100.0%
その他負債*3	2	31	1550.0%
借入金（劣後債務）	1	0	0.0%
負債合計 (b)	61	89	145.9%

*1　Ⅰ分類100%評価、Ⅱ分類50%評価、以下ゼロ評価
*2　事業譲渡までの期間損益と譲渡費用を計上
*3　債権二重譲渡、過払いに起因する不当利得返還債務等

預金概算払率　25%　(a/b)

第二日本承継銀行
単位：百億円

適資産 (18) ／ 預金（預金保険付）(22)
預保からの資金援助 (10)

事業譲渡 → 株式・一部資産 受け皿銀行へ → イオン銀行

日本振興銀行（後に日本振興清算株式会社）
単位：百億円

譲渡後 → 不適資産 ／ 預保からの資金援助 (7) ／ 預金（ペイオフ超預金）＋その他再生債権 (40)

資産回収、債務弁済を行い清算へ

（出所）預金保険機構資料より大和総研作成

> 日本振興銀行は預金保険機構の下、図表5-12に概略を示したように破綻・再生処理が行われた。承継資産（適資産）と付保預金等は、第二日本承継銀行（いわゆるブリッジバンク）を経由して受け皿銀行であるイオン銀行に承継された。一方、ブリッジバンクに承継されなかった資産（不適資産）はペイオフ超預金などと共に日本振興銀行に残り、資産回収・債務弁済が粛々と行われ、最終的には清算されることとなった。この過程で、上記したようにペイオフ超預金など再生債権は計3回の弁済を受け、債権の61％を回収するに至っている。

保険会社のメザニン社債（劣後債）は魅力的なクレジット商品

　保険会社の劣後債は、筆者が平成時代から「三種の神器」[72]の一つに数える魅力的なクレジット商品だ。保険会社の劣後債の魅力は、令和に入ってからも全く色あせてはいない。

　保険会社の劣後債の魅力は数多い。まず、当たり前だがシニア債対比で①高い利回りが享受できることが挙げられる。そして、ここもやや発行が滞ってはいるものの、②投資機会が見込めることも魅力の一つである。案件がいつ出てくるか否かを始め、また、どんな銘柄で実現するかも見通せない後述する事業会社のハイブリッド証券とは異なる特徴だ。

　そしてなにより、③保険会社の信用力は高く安定的であることは大きな魅力である。日本の大手生損保の格付けは、日系・外資系格付けで総じて日本ソブリン格付け相当の極めて高い水準を安定的に保持している。

　保険会社の劣後債の魅力はまだ続く。④保険会社の劣後債はユニークな商品だ。規制資本、そして格付け資本の調達という二つの目的を兼ね備えた商品設計となる（コール付き超長期債）が故に、最終償還期限は長く（30年／60年／永久債など）、一見すると投資対象になり難い。しかし、金利ステップアップ付与（通常100bp）がコールの蓋然性を高めるため（注：上述したように銀行

---

[72] その他二つは、ソフトバンクグループ債と東京電力パワーグリッド債。

図表 5 - 13　保険会社の劣後債の一般的商品概要図

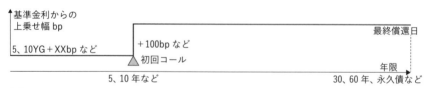

（注）YG は年国債の意
（出所）大和総研作成

の資本性証券は金利ステップアップが不可）、実質的な償還年限は短いとの整理が可能だ（図表 5 - 13 参照）。保険会社の劣後債を筆者は、「株式の衣を纏った債券」と比喩的に表現している。

また、⑤「劣後」債という語感ほどリスクが高くないのも魅力の一つである。保険会社の劣後債に損失が発生するタイミングは、発行体の法的破綻段階であり（注：銀行の資本性証券の場合、AT1 債は事業継続段階において、Tier2 債は実質破綻段階において、保険会社の劣後債よりも早いタイミングで損失が発生する）、信用力が高いのでデフォルト率（PD）は低いといえる（前掲図表 5 - 9 参照）。劣後債なので、万一デフォルトすれば、元本回収は見込めないが（LGD は恐らく 100％）、日本の場合、第 1 章で触れたようにシニア債であってもデフォルトすれば期待回収率は 10％程度にすぎないのが実状だ（つまり LGD は 90％程度）。

なお、銀行など預金取扱金融機関が投資家の場合、250％のリスクウェイトを課されるのはルールなのでしかたがない。しかし、スプレッドの厚さを考えれば、多少自己資本を食ったとしても十分に投資対象になるものと筆者は考える。むしろ、保険会社は通常、規制・格付け資本以外は外部資金調達が必要ないので、大口与信規制に引っ掛かり難い業種である利点を生かしたい（後述する事業会社のハイブリッド証券の場合は、ローンも含めた他の与信の存在で大口与信規制を気にする必要がある場合もある）。

●コラム●

保険会社の経済価値ベースのソルベンシー規制（ESR規制）

　保険会社に新たに課されることになる経済価値ベースのソルベンシー規制（ESR規制）は、2025年度（2026年3月末）から日本でも始まることになりそうだ。

　将来は銀行に続き保険会社も、国際資本基準（ICS）で横串が刺され、それに準拠した国内資本規制（ESR規制）で資本の充実度が測られる体制に移行する。新規制導入に向けて、日本の生損保の適格資本の充実、ひいては保険劣後債の発行が続く可能性は高そうだ。

　金融庁は2022年6月30日、ESR規制に関する基本的内容を暫定決定したと発表[73]。ESR規制導入に向け、保険会社など関係者との対話や幾度もの国内フィールドテスト（同テストの結果は図表5-16参照）を実施してESR規制の基本的内容を暫定決定すべく議論を重ねてきたが、その内容（第一の柱の標準的モデルの考え方とESR検証の枠組みが中心）は固まった。ESR規制は今後最終化を行い、上述したように2025年度から実施される予定である。

　保険会社に関する国際資本規制は、銀行同様二段階となっている（図表5-14参照）。但し、日本の生損保で最も厳しい規制を受ける会社はなく、銀行の国際統一基準行に当たるIAIGs（国際的に活動する保険グループ）に日本の生損保4グループが指定される予定。同グループには国際資本基準（ICS）が課されることになりそうだ。

　最も厳しい規制を受けるのは、銀行のG-SIBsに当たるG-SIIs（システム上重要なグローバルな保険会社）。G-SIIsは、2016年11月のリスト公表が最後で、AxaやMetLifeなど欧米そして中国の9グループが指定されており[74]、

---

[73] 2024年5月29日、金融庁は「経済価値ベースのソルベンシー規制等に関する残論点の方向性」を発表。新たな早期是正措置発動のESR水準を100％とするなどの考え方が示された。
[74] Aegon N.V（オランダ）、Allianz SE（ドイツ）、American International Group,Inc.（米）、Aviva plc.（英）、Axa S.A.（仏）、MetLife, Inc.（米）、Ping An Insurance Company of China, Ltd.（中国）、Prudential Financial, Inc.（米）、Prudential plc（英）。

図表5-14　銀行・保険の国際規制の枠組み

カテゴリー	銀行	保険
グローバルに システム上重要	G-SIBs （3メガFG）	G-SIIs （指定なし）
国際的に活動	国際統一基準行 （三井住友トラストHD、農林中金や、大手地銀など）	IAIGs （3メガ損保G＋第一生命）

(出所) 大和総研作成

日本の生損保グループは含まれていない。G-SIIsには以下に示すICSに加え、上乗せ資本（HLA：Higher Loss Absorbency）が要求される予定で、また、実質的な破綻処理に備えた措置もG-SIIsには求められるようだ。但し、このG-SIIsを特定し追加規制を課す考え方には見直しの議論も進んでいる。

　IAIGsに課されることになるICSは、バージョン2.0が2019年11月に採択され、現在は5年間のモニタリング期間中である。

　IAIGsは最終的には各国監督当局（日本の場合は金融庁）が指定をするが、外形的基準[75]によれば、日本の場合、メガ3損保グループ（東京海上ホールディングス、MS&ADホールディングス、SOMPOホールディングス）と第一生命が指定される予定である。保険監督者国際機構（IAIS）では、世界で50以上の保険会社グループがこのIAIGsに指定されるものと見込んでいるようだ。したがって、銀行に比して保険会社の場合、直接国際規制に晒される企業数は少ないことになる。

　日本の場合、多くの生命保険会社が国際保険資本規制の枠外となる見込みである。但し、銀行の国際資本規制が国内資本規制に大きく影響を与えたように、国際的な保険資本規制の内容は、当然、国内資本規制へも影響を及ぼす。国内では金融庁が2012年より経済価値ベースのソルベンシー規制、即ちESR規制の検討を開始し、上述したように基本的内容が暫定決定された段階だ。同内容は、ICSを基本としつつ、日本の保険会社の特性を踏まえて国内独自の修正を施したものである（図表5-15参照）。

　ESRの国内フィールドテストの結果を見ればわかるように（図表5-16参

75　活動地域が3か国以上でかつ保険料収入の海外比率が10％以上、総資産500億米ドル以上又は保険料収入が100億米ドル以上。

図表 5-15 経済価値ベースのソルベンシー規制の模式図（ICS バージョン 2.0 を用いて）

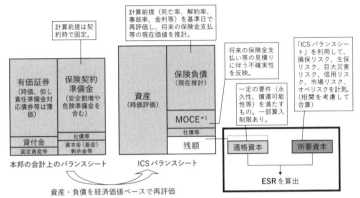

*1 Margin Over Current Estimate の略
(注) 黒枠は筆者追記
(出所) 金融庁「経済価値ベースのソルベンシー規制等に関する有識者会議 報告書」(令和 2 年 6 月 26 日) より大和総研作成

図表 5-16 ESR の国内フィールドテストの結果

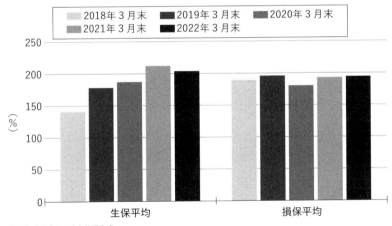

(出所) 金融庁より大和総研作成

照）、生命保険会社では順次ESRを充実してきたことが、損害保険会社では、相応のESRを維持していることがわかる。なお、ESR規制案では、100%が早期是正措置の閾値となる予定だが、生損保ともに十分な余裕を保持して

いることになる。

事業会社のメザニン債（ハイブリッド証券／劣後債）

　銀行、保険の順に、金融機関により継続的に発行されるメザニン社債の商品性やそのリスク特性を見てきた。これから紹介する事業会社によるメザニン調達（ハイブリッド証券や劣後債の発行）の活用は、本書のテーマである社債市場の拡大、活性化に資する方向性として特に注目している。

　日本の上場企業の業績は堅調で、引き続き「増益⇒資本蓄積⇒レバレッジ低下・格付け上昇⇒」の信用改善サイクルが回り続ける可能性は高い。よって、社債側（信用、もしくはクレジット側と言い換えてもよい）にとっては良いこと（"Win"）なのだが、それではエクイティ価値（株価）は上がらない。そこで、上場企業には「増益⇒積極投資・株主還元⇒株価上昇⇒」の株価上昇サイクルへの転換が求められるが、そうなると財務レバレッジが上昇して信用力にはマイナスになる。そこで、メザニン調達（事業会社のハイブリッド証券など）、つまり、信用力を落とさず株価にもプラス（"Win"）になる財務施策を行うことを上場企業には提案したい。そうすれば、社債―株ともに"Win-Win"となるし、社債市場の拡大にもつながるからだ。

　筆者は従来から、日本企業は、成長性よりも安全性を重視する社債投資向き企業が多いと感じている。倒産の憂き目にあう上場企業はごく稀だし（公募社債発行企業のデフォルト事例も、第1章で記したように数少ない）、格付けも格上げ基調で、社債市場が"シングルA格以上化"していることもそれを物語る。自己資本が厚くバランスシート（B/S）が強固なことは、信用力評価にとってはありがたいことである。しかし、力強い利益成長が見込めない中、自己資本を溜め込めば、どうしてもROEは低くなり、PER（株価収益率）との掛け算であるPBR（＝ROE×PER）も低迷しがちだ。

　ハイブリッド証券を含むメザニン調達の活用は、D/Eレシオ（有利子負債／自己資本比率）など静的な財務レバレッジの調節に有効な手段だ。上昇しすぎた財務レバレッジの低下にも、そして、むしろ今はこちらを強調したいが、低

図表5-17 メザニン調達（ハイブリッド調達）の活用

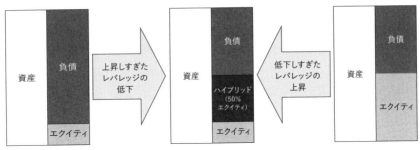

(出所) 大和総研作成

下しすぎた財務レバレッジの上昇にも活用できる（図表5-17参照）。コロナ禍で毀損したB/Sの更なる悪化を食い止めるために空運2社がメザニン調達（ハイブリッド証券や劣後ローン）を活用したように、レバレッジを低下させる目的での活用は分かりやすい。しかし、メザニン調達の活用はそれだけではない。

自社株買いなどと組み合わせ、低下しすぎたレバレッジをB/Sの過度な悪化を避けながら上昇させ（ハイブリッド証券は、会計上は負債だが、格付け上はその一定割合［50％］などが資本と見なされる）、ROEを改善するためにも活用できる。しかし、株式市場での評価を上げるための積極的な財務施策となるこのメザニン調達の活用は、まだそう多くはないのが実状だ。

自己資本の蓄積が進み、財務レバレッジが低下しすぎた高格付け銘柄やPBR1倍割れに苦しむ優良企業が、メザニン調達を社債市場で活発に行えば、減退してしまって久しい投資家の事業会社のハイブリッド証券への投資意欲の回復を促すと考える。それだけではなく、シニア債より利回りの高いハイブリッド証券であれば、個人向け市場（リテール市場）でも十分訴求し得るクレジット商品にもなると考える。発行企業にとっては、社債市場での資金調達（つまり、企業金融の多様化）やリテール債市場に資金調達手段を広げる（加えて、投資家層を拡大する）チャンスともなろう。また、ハイブリッド証券を通したリテール市場の開拓は、「貯蓄から投資へ」の一助にもなり得る（第8章で論じる）。

よって筆者は、ハイブリッド証券を「令和に育む神器」と呼んでいる。ところが残念ながら、2022年度来、事業会社によるハイブリッド証券の発行には急

ブレーキがかかっている状況だ（前掲図表5−3参照）。2023年度の発行は、ソフトバンクグループとENEOSホールディングスのわずか2銘柄のみである。

東証は上場企業に、企業価値向上と低迷するPBRの改善を求めている。ハイブリッド証券を社債市場にしっかりと根付かせる千載一遇のチャンスが到来しているといえるだろう。メザニン調達を活用した積極的な財務施策の実行を、上場企業、特に高格付けの優良企業には求めたい。繰り返すが、株価の上昇と、信用力の維持を同時に成し遂げられれば、一挙両得"Win-Win"だと思うがいかがだろう。

3つの異なるリキャップ（負債／資本構成の調整）手法

ROEの改善は、収益力の向上は勿論だが（分子の「R」利益の向上）、財務戦略（負債／資本構成の調整）からも改善が可能だ（財務戦略で分母の「E」株主資本を小さくする）。負債／資本構成の調整（リキャピタリゼーション：リキャップ）には主に3つの手法（①シニア債発行、②CB発行、そして③ハイブリッド証券発行）がある（図表5−18参照）。社債市場の活性化に向け、ROEの改善と財務バランスの悪化防止の、言ってみれば"Win-Win"が可能な手法である③ハイブリッド証券の活用を企業には提案したい。東証が求めるPBR1倍の達成や更なる改善に向け、ROEの改善は不可欠だ。

①の手法は単純にレバレッジが上がりROEが改善することになるが、一方でレバレッジ上昇による財務バランスの悪化を甘受する必要がある。②もCB発行時は同じくROEが改善する一方で、財務バランスの悪化を甘受する必要がある。但し、CBが株式転換すれば、再度エクイティが増強され財務バランスは改善するが、一方でROEには再び低下圧力が発生することになる（なお、株式転換後ROEが悪化するか否かは、収益力の改善度合いに左右され、CBの株式転換による一株利益の希薄化はCB発行前に比べれば抑えられる）。

③のハイブリッド証券（資本性を具備した劣後債）によるリキャップは、劣後債は会計上の負債なので、やはりROEは改善する。一方、ハイブリッド証券でのリキャップの肝は、レバレッジ上昇による財務バランスの悪化を、一定程度防止できるところだ。なぜなら、ハイブリッド証券は、格付け会社やクレ

図表 5-18 財務戦略による ROE の改善手法

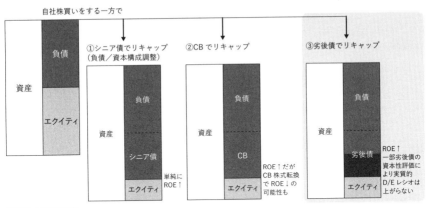

(出所) 大和総研作成

ジットアナリストから一定の資本性評価を受けられるので（例：格付け会社から資金調達額の 50% に対し資本性の認定を受けるなど）、実質的なレバレッジ（D/E レシオ）は数値上ほど悪化しないからだ。このように、ハイブリッド証券によるリキャップは、ROE の改善と財務バランスの悪化防止の、"Win-Win" が可能な手法といえるだろう。

シニア債（SB）発行、CB 発行、ハイブリッド証券発行のどの手法を使ってリキャップをするかは、企業の資本政策・財務戦略による。SB や CB によるリキャップに比し、ハイブリッド証券によるリキャップは、クレジットアナリストなど信用評価を行う側から見れば好ましい手法だ。ROE の改善を目的としたリキャップとして、多くの企業にその活用が広がることを期待したい。

事業会社のハイブリッド証券は発行体、投資家にとって "Win-Win" となり得る

事業会社のハイブリッド証券は、筆者が「令和に育む神器」と名付け、その通り 2021 年度までは急成長を遂げてきた。しかし、2022 年度入り後は、残念ながらその発行の勢いは落ちてしまった（前掲図表 5-3 参照）。筆者は、事業

会社のハイブリッド証券は、発行体にはエクイティのように、投資家には債券のように見えることから「発行体、投資家双方にとって"Win-Win"となり得る証券」だと考えている。こうした構図が変わらなければ、発行はいずれ回復し、社債市場で一定のプレゼンスを保つことは十分に可能だ。

事業会社によるハイブリッド証券は、発行体にとって安い調達と、投資家にとって安い債券という、本来両立しえない構図が成り立ち得る。「格付け資本」であるハイブリッド証券は通常、発行当初は50％が負債、50％がエクイティ（資本）と格付け会社によって資本性評価される。よって、発行体は、エクイティ調達（発行額の50％）をするつもりでハイブリッド証券を発行する。仮に株主資本コストを8％と仮定すれば、本来その半分（4％程度）の期待リターン（つまり利回り）を投資家から要求されてもおかしくはない。しかし、実際の発行事例をみれば分かるように、これほどの利回りを要求される事業会社のハイブリッド証券は見当たらない。したがって、発行体にとってハイブリッド証券は、とても安いエクイティ調達と映っている。一方、ハイブリッド証券への投資を、エクイティへの投資だと思っている投資家は皆無と言っても過言ではなかろう。ほぼ全ての投資家は、劣後債なのでシニア債よりは利回りの出る、負債への投資（＝債券投資）だと思っている（勿論、期待償還日である初回コール日に元本が戻ってくると想定している）。よって、シニア債より高い相応の利回りがあれば、ハイブリッド証券は安い債券だと投資家には映る。

このように、発行体と投資家の双方に"Win-Win"となる構図が出来上がっているのが事業会社のハイブリッド証券の特徴だ。発行体からの見方（エクイティ調達）、投資家からの見方（債券投資）がこうも都合よく成り立つのは、間を取り持っているのが、『格付け会社』であるからに他ならない。発行体がエクイティだと思っているのは、格付け評価上のみであり（だから「格付け資本」と呼んでいる）、投資家から見れば、劣後債ではあるが負債でしかないからだ。こうした"Win-Win"の構図が成り立つ限り、ハイブリッド証券の発行は続くと考える。

事業会社のハイブリッド証券の利回り低下（スプレッド縮小、価格上昇）が比較的速く進行し、2022年度にその反動（スプレッド拡大、価格低下）が起きたことは事実だし、シニア債に比して投資家層の広がりが十分でなかったこと

が一因であったことも間違いではなかろう。とはいえ、事業会社のハイブリッド証券がバブル[76]に陥っていたとは思わないし、ましてその魅力が薄れたとも思わない。なぜなら、シニア債と劣後債（ハイブリッド証券）の信用リスクの差を冷静に比較すれば、劣後債利回りにはリスク対比の優位性があるとの見方も可能だと考えるからだ。

　クレジット商品の信用リスク差は、期待損失（EL）の大きさで比較ができる。ELの大きな商品の方がリスクは高い。ELとは、デフォルト率（PD）とデフォルト時損失率（LGD）とデフォルト時残高（EAD）の掛け算だ。

　劣後債とシニア債のELを比較してみたい。同じ会社の同額の債券なら、PDとEADは劣後債もシニア債も同様だ[77]。違いが出るのはLGDで、劣後債のLGDは残念ながら100%だ。発行体が倒産すれば、ほぼ間違いなく劣後債は全損しよう（シニア債のLGDが0%でない限り、劣後債の元本回収は見込めない）。

　しかし、日本の場合、シニア無担保社債のLGDも実はかなり大きく、過去事例から合理的に類推すれば、なんとその比率は90%程度と考えられる（第1章参照）。JALや武富士、エルピーダメモリ、そしてタカタ社債（いずれもシニア無担保社債）でどれだけの元本回収ができたか思い出していただきたい（各シニア債の弁済率は、JAL：12.5%、エルピーダメモリ：17.4%、武富士：3.3%、タカタ：1%程度）。よって、PDが1割程度の差の劣後債とシニア債は、実はほぼ同じELとなる訳だ。例えば、ダブルA格を持つ会社の劣後債（実質10年債[78]）と、シングルA格の会社のシニア債（7年債）は、ほぼ同程度のELとなる。シングルA格を持つ会社の実質5年の劣後債は、同格の6年債のシニア債とほぼ同程度のELにすぎないし、トリプルB格3年債ともほぼ同程度のELだ（図表5-19参照）。こう考えれば、劣後債のスプレッドはタイト化していた際でもまだ厚かったと考えることも可能ではないだろうか。

　「劣後債」はシニア債対比で桁違いにリスクの高い債券だと考え、その利回りが一時の旺盛な投資家需要でみるみる低下していれば、一見すると魅力がなくなりバブル化したと考えるのも無理はなかろう。しかし、冷静に信用リスクの

---

[76] 『日本経済新聞』朝刊2022年12月2日の記事（ポジション）「劣後債、はじけたバブル」参照。
[77] 劣後債の格付けは利払い停止や劣後性を加味しているが、発行会社の倒産リスクは会社格付けが示すもので、劣後債もシニア債も同じ。
[78] 初回コールまでの年限が10年の劣後債。

図表5-19　R&I 平均累積デフォルト率（ゾーン別、累積年：1年〜10年）

(%)

	1年後	2年後	3年後	4年後	5年後	6年後	7年後	8年後	9年後	10年後
AAA	0.00	0.00	0.00	0.00	0.00	0.13	0.26	0.26	0.26	0.26
AA	0.00	0.00	0.00	0.00	0.05	0.11	0.16	0.28	0.40	0.53
A	0.04	0.11	0.19	0.31	0.41	0.50	0.64	0.80	0.94	1.07
BBB	0.10	0.29	0.47	0.70	0.99	1.30	1.58	1.80	2.05	2.28
BB	1.98	3.49	5.21	6.43	7.25	8.09	9.25	10.43	11.29	12.06
B以下	8.52	13.90	17.96	20.22	22.49	23.87	25.75	26.70	27.66	28.62

(出所) R&I 公表データ（2023年6月30日）より大和証券作成

比較をしてみれば、利回り低下してもまだ魅力が残っているとの見方も可能ではなかろうか（ここでの議論は、コールスキップや利払い停止のリスク、商品差からくる流動性プレミアムなどの追加的プレミアムは無視している）。

　こうした現象は、日本の社債（シニア債）が銀行ローンに比し実質的に劣後していることとも関係している（第1章、2章での議論参照）（図表5-20参照）。シニア債のLGDが小さくなればなるほど、劣後債とシニア債のEL差（信用リスク差）は大きくなるが、シニア債のLGDが90％と高率であると、その差はさして大きくはない。実は筆者は、日本の場合、シニア債がそもそもリスク対比で割高に値付けされていると従来から考えている。しかし、この状況はまず変わりようもないので所与としていることを付言しておきたい。

事業会社のハイブリッド証券のノン・コールリスク

　事業会社のハイブリッド証券では、期待償還日が延びてしまうノン・コールリスクが度々市場で懸念される。幸い、日本の事業会社のハイブリッド証券では、投資家が望んでいない初回コール日でのコールスキップ事例はまだ生じていない。

　事業会社のハイブリッド証券は、初回コール日に発行体にコールインセンティブが働くように「設計」されるのが常だ[79]。よって、発行体にその意思と能力があれば、初回コール日でのコールの蓋然性はそもそも高い。但し、事業会

図表 5-20 社債の負債内でのシニョリティ

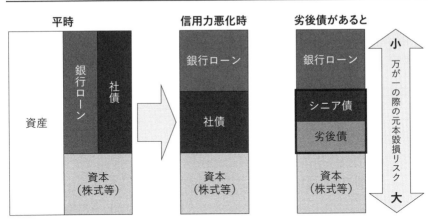

(出所) 大和総研作成

社のハイブリッド証券が全て例外なく初回コール日にコールされると考えて投資するのは間違いだ。同証券では、投資家はコール・オプションを発行体に売り渡している。よって、発行体がオプションを行使しない場合も当然あり得ると想定すべきだ。事業会社のハイブリッド証券の商品性をしっかり認識すれば、過度なリスクテイクや、不要なリスク回避は避けられる。

事業会社のハイブリッド証券のノン・コールリスクは勿論存在する。以下、①100bpステップアップ金利型、②低・ノンステップアップ金利型の、代表的な二つの商品性別にノン・コールリスクについて論じてみたい。結論から先に言えば、同リスクはやはり一義的には発行体の信用力が低下すれば高まることになる。クレジット商品は全てそうだが、発行体の信用力評価のモニタリングは欠かせない。

①100bpステップアップ金利型のハイブリッド証券は（図表5-21参照）、同金利ステップアップ幅が一義的にはコールの蓋然性につながる商品だ（注：資本性低下ポイントが同時に組み込まれている商品もあるが）。よって、初回コール日近辺の同証券の再調達コストが発行時のスプレッド+100bp以内に収まっ

---

79 イオンがかつて発行したように、初回コール日に発行体によるコールインセンティブが働かないハイブリッド証券の発行事例もあることは認識しておきたい。

図表 5-21　100bp ステップ金利型の事業会社ハイブリッド証券の スキーム概要図（例）

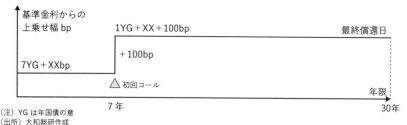

(注) YG は年国債の意
(出所) 大和総研作成

ていれば、発行体は既存ハイブリッド証券のコールを選択する。しかし、発行体の信用力が低下し、市場で要求されるスプレッドが大幅に高まれば（発行時＋100bp 超）、発行体が既存のハイブリッド証券をそのまま残す、つまりノン・コールリスクが高まることになる。

②低・ノンステップアップ金利型のハイブリッド証券の場合も（図表 5-22 参照）、発行体の信用力が低下すると格付け会社の資本性低下ポイントの時期が初回コール日より後ずれすることでノン・コールリスクが高まることになる。同型のハイブリッド証券は、格付け会社 S&P の資本性評価を意識した商品が多いが、S&P の資本性評価手法によれば、発行体格付けが「BBB-」以上（つまり IG 以上）の場合は、実質償還日（＝合計 100bp のステップアップ金利となる時点）までの残存が 20 年、「BB 格」の場合は同 15 年、そして「B 格」の場合は同 10 年のタイミングで資本性評価がそれぞれ低下する。

よって、模式図（図表 5-22）に見るように、発行当初（発行体格付けは「BBB 格」以上と想定）は発行体のコールインセンティブにつながるように初回コール日と資本性評価が低下するポイントを持ち合わせても（合計 100bp ステップする発行後 25 年までの残存が 20 年となる発行 5 年後に初回コール日を設定）、格付けが相応に低下すると（「BB 格」以下）、そのポイントが後ずれしてしまい（発行後 25 年までの残存が 15 年となる発行 10 年後に）初回コール日でのコールの蓋然性は低下、ハイブリッド証券の期待償還日は延びることになってしまう（上図例の場合は発行 5 年後から 10 年後に延びることになる）。

事業会社のハイブリッド証券は、もう決して珍しい社債ではない。一方で、

160

図表 5-22　ノンステップアップ金利型の事業会社ハイブリッド証券のスキーム概要図（例）

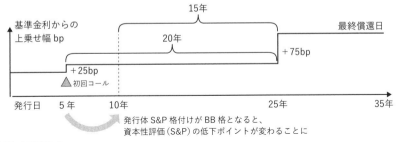

(出所) 大和総研作成

　2022年度に生じた同証券の市場評価悪化（スプレッド拡大、価格低下）が示すように、投資家の商品性理解や、ひいては投資家層の広がりも道半ばと感じている。

　超長期債である同証券を最終償還期日まで保有するつもりで投資する投資家はほぼ皆無で、発行後5～10年程度後に設定される初回コール日にコールがかかり元本が償還されることを期待して投資家は投資をする。よって、初回コール日でのコールの蓋然性を理解し見極めることが事業会社のハイブリッド証券投資にとっては重要だ。そのためには、同証券がどのように設計されているのかを紐解けるようになることが肝要だ。それができれば、コールの蓋然性が見えてくる（図表 5-23 参照）。

　ノン・コールリスク顕在化時に市場全体が悪影響を受けないようにしたい。繰り返しになるが、幸い、日本の事業会社のハイブリッド証券では、投資家が望んでいない初回コール日でのコールスキップ事例はまだ生じていない。それは望ましいことではあるが、初回コール日でのコール事例が積み上がれば積み上がる程、「事業会社のハイブリッド証券は全て例外なく初回コール日にコールされる」という間違った考え方が市場に蔓延る恐れが増す。

　同証券では、投資家はコール・オプションを発行体に売り渡している。よって、上述したように、発行体がオプションを行使しない場合も当然あり得ると想定すべきだ。いつかは分からないが、事業会社のハイブリッド証券のコールスキップが実際に起きる日が来る可能性はある。その時に、同証券市場全体が

図表5-23　事業会社のハイブリッド証券の設計

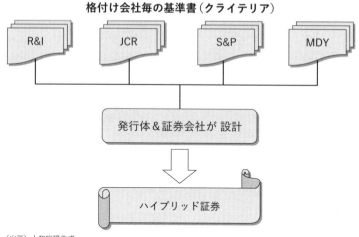

(出所) 大和総研作成

悪影響を受けないように、ノン・コールリスクの存在とその顕在化リスクについて是非認識しておきたいものだ。

資本性証券のコールの蓋然性（事業会社VS金融機関）

　資本性証券のコールの蓋然性に関する市場コンセンサスに敢えてチャレンジする。事業会社劣後（事業会社のハイブリッド証券）より金融劣後（金融機関のハイブリッド証券）の方が初回コール日でのコールの蓋然性が高いと考えている投資家はまだ多い。どうやらこの考え方が市場のコンセンサスらしい。

　筆者は逆の考えで、事業会社劣後の方が金融劣後に比し初回コール日のコールの蓋然性が高いと考えている（注：もっとも100bpステップアップ金利が付く保険劣後のコールの蓋然性は筆者も高いと考えるので、以下、金融劣後とは銀行劣後の意として論じる）。

　1）商品性、2）発行体の思考、そして3）コール判断に及ぼす外的要因のいずれを考えても、筆者は市場コンセンサスの考え方には同意しかねる。

　まずは、商品性を比較したい。規制で資本性証券の商品性が規定されている、

いわゆる「規制資本」である銀行劣後（AT1債／Tier2債）には発行体にコールインセンティブとなるステップアップ金利の付与が認められていない。一方、単なる「格付け資本」でしかない事業会社劣後の場合、格付け会社は強いコールの蓋然性につながらないとして100bpまでのステップアップ金利付与が認められている。

　つまり、ステップアップ金利の付く事業会社劣後は、金融規制当局から見れば、コールインセンティブの高い商品ということになる。また、後述するが、格付け会社が認める100bpまでのステップアップ金利は、日本の社債市場の場合、発行体格付けが「A格」以上なら十分コールの蓋然性の高い金利幅である。

　勿論、低・ノンステップアップ金利型の事業会社劣後も存在する。しかし、その場合も、初回コール日を過ぎると格付け会社の資本性評価が低下（当初の50％から25％や0％に低下）することで発行体にコールインセンティブが働くように「設計」されていることが常である。一方の銀行劣後はといえば、Tier2債（B3T2）こそ初回コール日を過ぎると資本性が低下する設計（自己資本比率規制では、残存5年を過ぎると1年毎に20％ずつ資本算入額が減価する）が可能なものの、永久債であるAT1債の場合にはそうした設計は不可能だ。

　よって、そもそも商品性から見ても、事業会社劣後の方が金融劣後に比して初回コール日のコールの蓋然性が高いと考えられる。

　次に、ハイブリッド証券調達（劣後調達）をする発行体の思考を推察してみる。自己資本比率規制が課されている金融機関（銀行）は、規制資本維持のために、調達した金融劣後をできるだけ維持したいと考えるだろう。一方、資本規制のない事業会社は、格付け維持や格下げ阻止のため必要な時には、調達した事業会社劣後、つまり「格付け資本」を欲するが、必要がなくなれば投資家に返したいと考える（だからこそ、リプレイスメントの例外規定などが設けられる）。

　つまり、事業会社劣後の方が、発行体にとってはコールインセンティブが高いといえよう。金融劣後の方は、調達した規制資本の『維持』インセンティブこそ高いが、『コール』インセンティブは決して高いとはいえないと思う。どうやら投資家は、維持インセンティブが高いのだから、投資家が期待する初回コール日にしっかりコールをし、再調達をするだろうと考えているようだが（い

わゆるレピュテーション・リスクを避けるため）、筆者はこの考え方には与しない。

　最後に、発行体のコール判断に影響を及ぼす外的要因を考えてみたい。銀行が調達した規制資本のコールにあたっては、規制当局（日本の場合は金融庁）の承認が必要となる。オーストラリアの金融規制当局であるAPRA[80]は2022年11月1日、規制対象の金融機関に通達を発している（Expectations on capital calls）。そこでは、発行時よりも高いスプレッドでのAT1、Tier2規制資本の再調達（つまりは、既存規制資本の経済合理性のないコール）を原則認めない旨が明確に示された。つまり、安易な金融劣後のコールをオーストラリアの金融規制当局は戒めている。日本の金融庁が同様の見解を明示的に表明するとは思えないが、銀行規制はグローバルに横串が刺されており、金融機関の規制資本のコールはあくまでも規制当局の承認が必要なことは日本の投資家も心しておく必要はあるだろう。

　一方、事業会社劣後のコールに関しては、格付け会社はリプレイスメントの例外規定に反したコールなどを警戒こそすれ（資本性評価を与えた事業会社劣後の永続性が担保できなくなるので）、しっかりとリプレイスメントさえされるのであれば、経済合理性に反したコールに関してはとやかく言わない立場である。

　よって、コール判断に影響を及ぼす外的要因を考えてみても、事業会社劣後の方が金融劣後に比し初回コール日のコールの蓋然性が高いと考えられる。

　事業会社劣後は、調達黎明期の案件が続々と初回コール日を迎えているが、いずれも初回コール日での早期償還が決断されている[81]。一方、2009年3月のみずほFG事例（アジア・リテール向けに発行されたもの）に留まらずAT1債の初回コール日でのノンコール事例には事欠かない（ロイズバンキンググループ、ドイツ銀行、バンコ・サンタンデール、スタンダード・チャータード、クレディ・アグリコル等々）。

　筆者は、上記の考え方から、市場コンセンサスとは異なり、事業会社劣後の

---

[80] Australian Prudential Regulation Authority：オーストラリア健全性規制庁。
[81] イオン発行の一部ハイブリッド証券は初回コール日のコールインセンティブが低い商品性だったことを付言しておく。

方が金融劣後に比して初回コール日のコールの蓋然性が高いと考えている。

シンプルな劣後債の発行も要検討

　格付け会社の資本性を具備したハイブリッド証券ばかりではなく、シンプルな劣後債の発行も社債発行企業には提案したい。シニア無担保債でありながら、実状は劣後債化している現在の社債のありのままの姿を表出する、いわば、社債の「アナ雪」化提案だ。

　上述してきたように、ハイブリッド・ファイナンスの活況を梃に、事業会社のハイブリッド証券（劣後債）の発行が増えてほしいが、「格付け資本」の調達が必要な企業に限られるし、商品性は、もう一般化して久しいとはいえコール条項などが付くなどやや複雑だ。

　一方、通常の社債（＝シニア無担保債）は、日本の社債市場が"シングルA格以上"化していること、また、金融政策の正常化に近づいているとはいえ低金利状況が続いていることもあり、利回りの魅力は十分とはいえないのが実状だ。そこで、メザニン調達としてシンプルな劣後債を発行し、シニア債の構造劣後性を改善するアイデアはどうだろう？　投資家は、堂々とシニア債プラスアルファの利回りを要求できる。

　社債はシニア無担保で発行されるのが常で、無担保の銀行ローンとは本来パリパスであってしかるべきだ。ところが、社債のデフォルト事例（例：日本航空債やエルピーダメモリ債での10％台、タカタ債での一桁台の低回収率）や、信用力低下時の大きな価格下落特性が示すように、社債は商品の構造上、同順位であるはずの銀行ローンに実際は劣後し（コベナンツや社債管理が不十分で銀行ローンに比し社債の保全が遅れるため）、ファットテイル状態に陥っているというのが筆者の考えであり、また社債投資家の偽らざる感覚ではないだろうか（第1章参照）（図表5－24参照）。

　こうした社債の商品性の不備を改善すべく、日証協で議論が進んでいることは第2章で記したとおりだ。

　そこで、万が一の際は回収が劣後するシンプルな劣後債が発行されれば、投資家はシニア債プラスアルファの利回りを享受できるし、上述したシニア社債

図表5-24　発行体の信用悪化時に劣後化してしまう社債

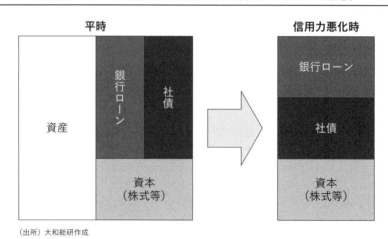

(出所) 大和総研作成

図表5-25　負債構成の改善を目的とした劣後債発行

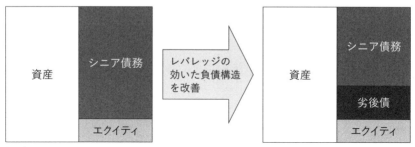

(出所) 大和総研作成

　の構造的劣後性をある程度回避することも可能となる。但し、残念ながら上記アイデアは、発行体の了承を得るのが難しいのが難点だ。なぜなら、実質的な劣後債（？）ともいえるシニア社債を低コストで調達できている現状を、投資家のためにわざわざコストを払って変えることになるからだ。
　しかし、諦めてしまうのは宜しくない。ソフトバンクグループ（ソフトバンクG）のように、シンプルな劣後債の発行事例は存在する（第8章参照）。現状

を変える気概のある発行体が出てくることを期待したい。

　ソフトバンクGは2014年度、計8500億円のブレッド劣後債（年限7年）をリテール向けに発行した。償還期日を迎えた2021年度には、同ブレッド劣後債を同社は増額してリファイナンスを行っている。同社によるブレッド劣後債の発行は、「負債構成の改善」を目的とした劣後債発行とよべるだろう。

　シニア負債のみでなく劣後債務も活用することで、調達手段の多様化や、将来のシニア債務調達条件良化など、企業の負債調達構造の改善、そして財務の柔軟性向上にもつながる（図表5-25参照）。ソフトバンクGは、メザニンとしての劣後債が存在する負債構成により「普通社債（シニア債）の信用度が高まると考えた」と2014年当時述べている[82]。

82　日本経済新聞社「日経ヴェリタス」2014/12/28－2015/1/3号。

> ● コラム ●

謎の数字100bp 〜ハイブリッド証券のステップアップ金利幅

　保険会社や事業会社のハイブリッド証券には、ステップアップ金利100bpが付いていることが多い（注：段階的ステップアップの場合は累積で）。この100bpという数字を「腑に落ちない数字」だと感じたことはないだろうか？

　この100bpは、強いコールの蓋然性につながらない、許容できるステップアップ金利幅として格付け会社が決めた数字である。しかし、なぜ100bpまでならよいのかは謎のままだ。しかし、その謎が幸いしている。

　驚くべきことに、格付け会社に「なぜ100bpが強いコールの蓋然性につながらない、許容できるステップアップ金利幅なのか？」と聞いても、納得の行く合理的な答えは返ってこない。かつてMDYには、セミナーの席で直接質問したが、残念ながら納得の行く回答は返ってはこなかった。JCRに至っては、「ステップアップの幅については100bpとする商品設計が多く、これを踏まえJCRでは100bpを現在の市場におけるステップアップ幅の標準的水準と認識している」と自ら説明責任を放棄しているようにすら感じる。本来、格付け会社には100bpの根拠を示す説明責任があるはずだ。

　一方、筆者にこの数字の説明責任は全くないはずだが、投資家の皆様から聞かれる場面も多く、この数字の解釈を試みる必要があるのでやっかいだ。

　結論から言うと、日本の場合、100bpのステップアップ金利幅は、強いコールの蓋然性につながらない、許容できるステップアップ金利幅とは言い難い。むしろ、シングルA格以上の発行体であれば、強いコールの蓋然性につながる数字と解釈できる。

　発行体が投資適格級最下位水準である「BBB格」に落ちない範囲であれば、通常のクレジット市場環境下であれば、スプレッド変動は100bp以内に収まり得る（図表5-26参照）。ならば、再調達スプレッドは、ステップアップ金利幅である＋100bp未満に収まり得るので、発行体にはコールを

図表5-26 格付け別対国債スプレッド（残存3〜7年平均）

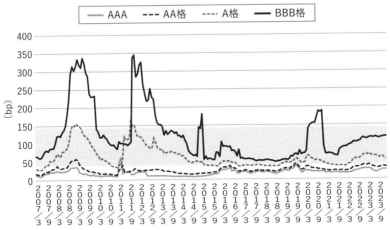

(出所) ダイワ・ボンド・インデックス資料より大和証券作成

かけるインセンティブが強く働く。よって100bpは、格付け会社が言う「強いコールの蓋然性につながらない、許容できるステップアップ金利幅」とは残念ながら筆者には思えない。

筆者は投資家に、ハイブリッド証券の発行体格付け（注：債券格付け[83]ではない）が日系格付けで「BBB格」に落ちないかどうかを、コールスキップリスクの指標（イエロー・カードのようなもの）として管理するのがよいのでは、と提案してきた。

各格付け会社のハイブリッド証券の資本性評価・格付け基準書を見ても、なぜ100bpなのかの納得のいく説明はどこにも見当たらない。説明責任のある格付け会社には、本来であれば合理的な説明をお願いしたい。但し、100bpのステップアップ金利許容は大きすぎました、これからは数十bpに変更させていただきます、と見直されては元も子もない。あまり、格付け会社を問い詰めない方が得策だ。謎は謎のままでよい場合もある。

---

83 ハイブリッド証券の債券格付けは機械的に発行体格付けからノッチダウンされる。

資本と負債の境界線は曖昧
（会計上／格付け上／規制上の「資本」が存在）

　かつて九州電力は資本増強を目的として社債型優先株の発行を行ったが、同優先株は会計上の資本ではあるが、その格付け上の性質は負債である（つまり、資本性は認められない）。一方、ソフトバンクが初めて発行した社債型種類株式は、会計上資本であるが、格付け上は「半分」負債のようなものだ（格付け会社から50％の資本性を認められる）。

　事程左様に、資本と負債の境界線は曖昧だ。会計上は資本であっても負債のような調達もあれば、会計上は負債であっても資本と見なされる調達もある。こうした曖昧さ、分かり難さは、「会計上の資本」と「格付け資本」という異なる考え方から生じてくる。更に言えば、金融機関の場合には「規制資本」というまた違った資本の概念も存在する。

　事業会社のハイブリッド証券（劣後債）は、会計上は負債であるが、格付け会社からは資本性を付与される（例えば50％）。したがって、負債であっても格付け上は資本と見なされる調達だ。金融機関が調達する劣後債（AT1債やTier2債［B3T2］）も会計上は負債だが、自己資本比率規制上はれっきとした資本と見なされる。

　一方で、社債型優先株（一定期間後に保有者による買戻し請求権が付いている等：九州電力が発行した優先株はこれにあたる）は、会計上は資本であるが、一般的に格付け上は殆ど資本とは見なされず負債として評価される。また、相互会社形態の保険会社が発行する基金債なども、会計上、そしてこの場合はソルベンシーマージン規制上も資本だが、格付け上は資本として見なされないのが一般的だ。また、IFRS会計上の要件を満たし資本と見なされる永久劣後債であっても、格付け会社が各々定めた資本性要件（ステップアップ金利幅など）を満たさなければ、会計上資本であっても格付け上は資本とは見なされない。

　事を複雑にして恐縮だが、永久劣後債が会計上の資本（IFRS会計）、かつ格付け上の資本（勿論、発行額の一定割合）と見なされるケースもある。ソフトバンクの社債型種類株式もまた会計上の資本でもあり、かつ格付け上の資本

（発行額の一定割合）でもある。

　事程左様に、資本と負債の境界線はスパッと綺麗に分けられる訳では決してなく、調達手段と見る観点（会計資本、格付け資本、規制資本）、により変わってくる。

　つまり、重きを置く、重視する観点によって、企業による資本調達の種類は変わることになる。自己資本比率の改善やコベナンツの一つである純資産維持条項への抵触を回避しようと思えば、会計上の資本（普通株や社債型優先株、社債型種類株、はたまたIFRSなら永久劣後債など）を調達する必要が出てくるし、格付けの維持や低下を防ぐためなら、ハイブリッド証券（劣後債）も含めた格付け資本の調達を企業は志向する。勿論、自己資本比率規制を遵守するためには、定められた規制資本の調達を行う必要があるのは言うに及ばずである。

🔹コラム🔹

社債型種類株（パイの奪い合いではなく拡大を）

　ファーストペンギンになると宣言し、社債型種類株の発行（会計上は資本、格付け上の資本性は50％）に先鞭をつけたのはソフトバンクである。そして、ソフトバンクに続き海に飛び込むペンギンが現れ始めた。ハイブリッド証券（劣後債）（会計上は負債、格付け上の資本性は50％）にライバルが出現したといってもよいだろう。

　なお、誤解を恐れず言っておくが、日本企業の資金調達手段（ハイブリッド・ファイナンス）が増えることには異論はなく、むしろ歓迎すべき事象である。但し、社債市場に身を置く筆者からすれば、せっかく根付いたと思った事業会社のハイブリッド証券市場が退潮し萎んでしまうのは忍びない。ハイブリッド証券の火は絶やしたくない。できればライバルとしてパイを奪い合うのではなく、パイの拡大を望みたい。

　東海カーボンは2024年2月13日、社債型種類株の発行を見据え、定款の一部変更を定時株主総会に付議すること、及び、発行登録（第1回社債型種類株式）を行うことを取締役会において決議したと発表した。なお、具体的な発行時期は未定とされた。同社は公募ハイブリッド証券（劣後債）の発行体であり、かつ、1回債250億円（2019年12月10日発行の30NC5[84]）は2024年12月10日に初回コール日を迎えることから、同債のリプレイスメントを見据えた社債型種類株の発行準備であろうことは合理的に推察できる。筆者の推察通り、ハイブリッド証券1回債が初回コールされ、社債型種類株に置き換えられれば、ハイブリッド証券市場は縮小することになる。なお、その後、1回債のリプレイスメントとしてハイブリッド証券（3回債）の発行がアナウンスされたので事なきを得ている。

　社債型種類株のファーストペンギンとなったソフトバンク（1200億円を発行済み）に続き、海に飛び込むペンギンが現れ始めた。前田建設、前田

84　初回コール日まで5年の30年債。

図表5-27　インフロニア・ホールディングスが示した比較表

	劣後債	社債型種類株式
会計上の取扱い	負債：100%	資本：100%
格付上の取扱い	負債：50% 資本：50%	負債：50% 資本：50%
議決権の希薄化	希薄化が生じない	希薄化が生じない （議決権／転換権なし）
財務指標への主な影響 （普通株式に係るROE、EPS等）	希薄化が生じない	影響は限定的 （社債型種類株式の分のみ減少）
参加／非参加	非参加型	非参加型
発行体による取得条項	あり	あり
上場	なし	上場申請予定

（注）太枠は筆者による。表中の「劣後債」はハイブリッド証券の意
（出所）会社資料より抜粋

　道路などを傘下に持つインフロニア・ホールディングス（第1回社債型種類株1000億円を発行予定）が2例目、そして上述した東海カーボンが3例目だ。次々と海に飛び込むペンギンが増えれば、ハイブリッド証券市場の分は悪くなるばかりである。
　ハイブリッド証券と社債型種類株は、格付け資本上の扱いは同じであるが（一般的な設計で資本性50%、つまり格付け評価上の効果は同じ）、会計上の扱いは、前者が「負債」であるのに対し後者が「資本」と全く異なる（図表5-27参照）。この相違が、発行体がどちらの調達手法を選ぶかのインセンティブや、ターゲットとなる投資家の違い等を生むことになる。
　商品性の違いから一般的に論じれば、会計上の資本を厚くしたいと思えば、社債型種類株が選好されやすい。逆に、会計上の資本が厚くなることによるROE（純資産、自己資本ベースの）などの低下を避けたければ、ハイブリッド証券が選好されよう。また、会計上「負債」か「資本」かの違いは、ターゲットとなる投資家の違いも生むことになる。当たり前だが、ハイブリッド証券は債券投資家が主な投資家となるのに対し、社債型種類株は株式投資家が主な投資家となろう。日本の場合、債券投資家はまだまだ機関投資家中心だが、株式投資家であれば個人も含め投資家層は幅広い。なお、投資家の違い（債券投資家か株式投資家か）は、投資商品に対する

期待リターン（要求利回り）の違いを生むと筆者は考える。一般的に債券の期待リターンは株式の期待リターンより低いので、ハイブリッド証券の期待リターンは、社債型種類株の期待リターンに比し低くなりやすいと考える（つまり、発行コストは「ハイブリッド証券＜社債型種類株」となりやすい）。

このように、ハイブリッド証券と社債型種類株は、ライバルではなく共存し得る。お互いの特徴を生かした発行が増加して、ハイブリッド・ファイナンスのパイが拡大することを期待したい。

ESG化とメザニン化の相乗効果も

第4章で論じたESG化と、本章で論じたメザニン化は、ともに社債市場活性化の原動力となり得る方向性だ。しかし、決して別々の方向性、原動力ではなく、互いに相乗効果をも発揮している。なぜなら、ESG化とメザニン化を組み合わせた新たな社債が誕生しているからだ。

ESG債をメザニン調達として発行する事例は広がりを見せている（図表5-28参照）。東京建物や森ビルによるグリーン・ハイブリッド証券、ニプロによるソーシャル・ハイブリッド証券、そして東急不動産ホールディングスや横浜冷凍によるサステナビリティ・ハイブリッド証券、東京瓦斯によるトランジション・ハイブリッド証券、そして大和ハウス工業によるサステナビリティ・リンク・ハイブリッド証券などが実現している。更には金融機関によるESG債とTier2債（B3T2）の組み合わせも実現している。

国内社債市場の2大潮流とも呼べる「ESG化とメザニン化」が、新たなクレジット商品を生み出しながら、ともに拡大・発展していくことを歓迎したい。

図表 5-28　ESG 化／メザニン化で多様化する社債

		シニア債	メザニン化 ハイブリッド証券*
通常債		既存	実現
ESG 化	グリーン B	実現	実現
	ソーシャル B	実現	実現
	サステナビリティ B	実現	実現
	トランジション B	実現	実現
	SLB	実現	実現

SLB：サステナビリティ・リンク・ボンド
＊ハイブリッド証券は金融機関の規制資本も含む（Tier2 債 B3T2）
（注）新規に実現した社債を「実現」と表記
（出所）大和総研作成

● コラム ●

事業会社ハイブリッド証券のリスクウェイト

　社債市場をより良いものにしていくには、「時には"Speak Out"声を上げることも必要だ」と筆者は言ってきた。声を上げれば、願いが叶う場合がある。やはり「沈黙は金」では決してなく、"Speak Out"は必要だ。

　事業会社のハイブリッド証券（劣後債）のリスクウェイトに経過措置を、と言い続け、自らロビー活動をするとともに、規制対象の地域金融機関の皆様にもロビー活動を求めてきた。要望すれば叶うもので、事業会社のハイブリッド証券のリスクウェイトに経過措置が導入された。バーゼルⅢの最終化で、同証券のリスクウェイトは、債券格付けに応じたリスクウェイト[85]から一律150％に引き上げとなるはずだったが（内部モデルを用いない国内基準行の適用は2025年3月末から[86]）、当初2年間に経過措置が導入された（適用初年度：100％、次年度：125％）（図表5-29参照）。

　筆者は、当初案では株式のリスクウェイトがハイブリッド証券のリスクウェイトより低くなる逆転現象が当初2年間生じること（図表5-30参照）、つまり、規制変更が地域金融機関の投資行動を、却ってリスクの高い株式投資とその保有へ後押しすると指摘した。金融庁はこうした論拠に耳を傾けてくれたことになる。

　同経過措置は、2022年4月28日、バーゼルⅢ最終化を踏まえた国内銀行の自己資本比率規制の最終版改正告示のタイミングで導入された（附則10条）。なお、事業会社ハイブリッド証券のリスクウェイトの段階的引き上げは、「他の規定により150％のリスクウェイトが適用される場合を除き」とされており、劣後債発行体の信用力が著しく低い場合（「BB-」未満など）は、経過措置は適用されず150％のリスクウェイトが即適用される。

　事業会社のハイブリッド証券は、株主に迷惑をかけずに成長投資資金の

---

[85] シングルA格であれば50％、トリプルB格であれば100％のリスクウェイト。
[86] 当初は2023年3月末から適用の予定が2年間後ろ倒しされた。

図表5-29 株式と事業会社劣後債のリスクウェイト（確定内容）

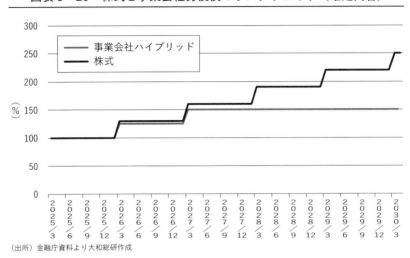

(出所) 金融庁資料より大和総研作成

図表5-30 株式と事業会社劣後債のリスクウェイト（当初案）

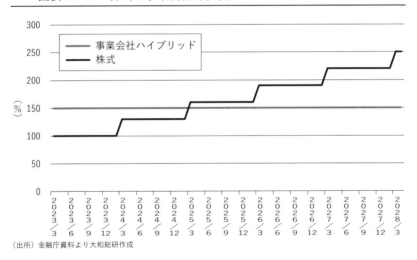

(出所) 金融庁資料より大和総研作成

調達と財務基盤強化を両立する手段として、幅広い業種の企業が活用している。また、コロナ禍が同証券活用のニーズを高めることにもなった。日本の場合、シニア債と劣後債の信用リスク差はそもそも大きくはない。また、上述したように、当初案では劣後債と株式のリスクウェイトの逆転現

象も生じる。筆者は、こうした論拠をもとに、リスクウェイトに関するグランドファザリング（経過措置）を入れるべきと強く金融庁に求めてきた経緯がある。ハイブリッド証券を活用する発行体も、金融庁に要望書を提出して（企業財務協議会の要望書[87]）、経過措置（段階的なリスクウェイト引き上げ）の検討を求めてきた。

　我々日本人は、「沈黙は金」と黙っていることの美徳を口にしがちだ。しかし、それでは埒が明かない。社債市場を良くするために、投資家の皆様も是非"Speak Out"声を上げていただきたい。その声は、そう簡単には届かないかもしれないが、諦めては元も子もない。届くまで、声を少しずつ大きく、しつこく出し続ければ、その声が届くこともあるということを今回の事象は証明している。

---

[87] 企業財務協議会「バーゼルⅢ最終合意の国内実施規則案に対する意見書」2020年12月。

第6章

信用拡大化の
方向性

なかなか起きない信用拡大化

　信用拡大化（BBB格社債やそれ以下のHY債の発行増）は、残念ながら超金融緩和局面でもなかなか生じなかった。しかし、これからはまさに推進・実現したい方向性だ。同方向性が実現すれば、社債市場の拡大、活性化に向けた大きな、そして強力な原動力になる。

　金融緩和が終わりを告げれば、第1章で記したように、社債の年限選好は"Back to Basics"、10年超の超長期から中短期ゾーンに移ることになろう。格付け符号の「賞味期限」は3～5年なので的を射た変化といえる。そして、短い年限で利回り確保をしようとすれば、自ずと投資する社債の格付け水準の幅を広げていく必要が出ることになる（つまり、信用拡大化）。

　投資する社債の格付けを下げ、信用リスクを取るなんて、危なっかしいと言うなかれ。シングルA格発行体の20年債に投資できていた投資家は、同等PD値（デフォルト率[88]）であるBBB格10年債にも投資できるはずである。同様に、シングルA格10年債に投資できれば、HY債の短期債にも投資できるはずである（図表6-1参照）。社債には、投資チャンスがあるのにまだ眠っている領域が存在する。小さな一石ではあるが、第2章で紹介したようにジャパンインベストメントアドバイザー債（無格付け、財務維持コベナンツ付き、社債管理補助者付きの公募債、以下JIA債）が実現している。また、本章で紹介するアイフル債やUSEN-NEXT HOLDINGS債の事例も存在する。日本の社債市場のBBB格銘柄の厚みを増やすこと、また、念願のHY債市場を発展・拡大させることはこれからだ。いや、「今でしょ！」だ。

　日本の場合、社債投資家の多くは銀行・信連・信金・信組などの預金取扱い金融機関だ。金融機関の本業である融資の貸付先は、その殆どが格付け水準で見ればBB格以下の企業群だろう。そう考えれば、本邦でのHY債市場というのは、全く素地のないグリーンフィールドに種を蒔き一から育てるような困難なものではなかろう。既存の投資の応用が十分に可能なブラウンフィールドだと筆者は考える。

---

[88] 平均累積デフォルト率を示す。

図表6−1 年限、格付け別平均累積デフォルト率

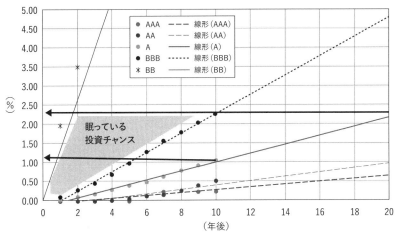

(出所) R&I公表データ（2023年6月30日）より大和総研作成

　現状の丸裸の社債（コベナンツも殆どないFA債）では不安だと言うのならば、第2章で論じたように、適切なコベナンツの付与を検討すればよいことだし、社債管理補助者を置くことも検討に値する。適切な投資対象（格付けが高く利回りの出るもの）がないと、ないものねだりをしていても埒は明かない。

リーマンショック後のトラウマを乗り越えて

　日本の社債市場では、超金融緩和政策が長引く中で、利回りを求めて社債投資の長期化、そしてメザニン化は起きたものの、信用拡大化までは生じていない。
　一方、欧米では、金融緩和下で信用拡大化が生じた。IG下限のBBB格社債の発行が増加し、より信用リスクの高いHY債やレバレッジド・ローンを証券化したCLO[89]の発行も増加した。それに比し日本では、BBB格社債の発行すら全く増えておらず、HY債市場に至っては、ようやくアイフルがBB格社債の

89　Collateralized Loan Obligation：ローン担保証券。

起債を実現した程度のインファント・ステージだ。事程左様に、日本の投資家は信用リスクの拡大には慎重だ。

その背景には、第2章で論じたように、日本の社債の商品性の問題も潜んでいよう（大きなデフォルト時損失率［LGD］故に、低いデフォルト率［PD］の社債しか許容されない状況）。加えて、第1章で論じたように、リーマンショック後の公募普通社債のデフォルト増加（BBB格で公募社債市場に入ってきた新興系不動産会社が次々破綻し社債のデフォルトが発生）で、その商品性の問題が実際に現実化したトラウマもあるのだろう。

残念ながら、根本的な日本の社債の商品性改善はまだ道半ばである。しかし、以下で論じるように、格付けの特徴を理解した上で、その能動的な活用ができるようになれば、また、事例は決して多くはないが、JIA債に加え、アイフル債（日本初の公募HY債）やUSEN-NEXT HOLDINGS債（社債活用の理想的事例）のような好事例を見れば、信用拡大化が不可能な方向性ではないことが分かるはずだ。

金融政策が緩和一辺倒から転換し、金利のある時代に入るのであれば、まずは「信用リスク」より「金利リスク」が意識される。今こそ、社債市場のラストリゾートともいえる、信用拡大化を実現したい。

IG/HY債の境界線再考〜格付け符号のみならず年限を加味して

格付けの活用の仕方を再検討すれば、社債投資でできることが見つかるはずだ。

IG債/HY債の境界は、一般的慣習では発行体の有する格付け水準で表現される。よって、発行体がBBB格以上を持っていれば、その発行社債は「IG債」[90]、BBB格未満であれば「HY債」とよんでいる。日本では一般的慣習の定義に基づくHY債が発行市場で起債されることがまだ殆どなく、また、格下げされ流通市場でHY債になることが多いので（いわゆるフォーリン・エンジェル銘柄）、HY債に対するイメージが悪い。

90　個別債券格付けが発行体格付けからノッチダウンされているケースもある。

図表6-2 格付け別平均累積デフォルト率とIG/HY債の境界線の考え方

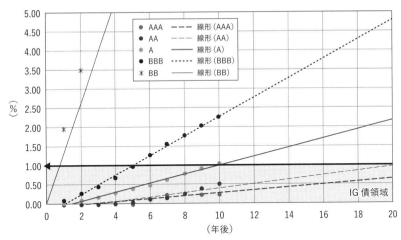

(出所) R&I公表データ (2023年6月30日) より大和総研作成

　しかし、社債の年限を加味すれば、「実質的」なIG/HY債の境界線は変わり得る。年限が短ければ、発行体格付けがBBB格に届いていなくても十分IG債が実現し得る。

　2023年9月に公募社債市場にデビューした、ジャパンインベストメントアドバイザー債（JIA債）[91]を、筆者は不用意にも、無格付け、財務維持コベナンツ付き、社債管理補助者付きの公募「HY債」と当時のレポートで表現してしまった。同レポートを発信した後、同債実現にご苦労されたある方から、「HY債はないでしょう」とお叱りを受けた。「年限を加味して同債をしっかり見れば、十分IG債であることが分かりませんか」、と。

　まさにその通りである。つねづね格付けの利用法を発信してきた筆者にとっては大変迂闊であり、猛省した次第である。社債が持つ狭義の信用リスク（＝デフォルト率：PD値）は年限により変化する。よって、発行体格付けが高くとも、年限が長くなればPD値は上昇するし、その逆、発行体格付けが低くとも、年限を短くすればPD値は低下する。金融庁がBBB格の3年平均累積デフ

---

[91] 第2章の「社債市場変革に向け一石を投じる案件〜JIA債」参照。

ォルト率として示す基準レベル（PD：1.00％）を便宜的に IG/HY 債の境目と仮定すれば、前ページ図に示すように（図表 6-2 参照）、発行体格付けが仮に BB 格でも年限を短くすれば十分に IG 債とよべるし、発行体格付けが A 格でも年限 10 年超になってくれば、実は IG 債とよんでも信用リスクの水準は異なることが見えてくる。

こうした見方は、「HY 債＝リスクの高い社債」とのイメージがどうしても湧いてしまう日本では特に大切だ。米国社債市場のように HY 債が多く起債され、ごく一般的な投資対象になっていれば、上述した一般的慣習での境界線でもさして問題はないのだろうが、日本はまだその状況からは程遠い。

日本の社債市場に一石を投じた JIA 債に続く起債が増えるためには、「HY 債」という単語を不用意に使うことを避け、IG/HY 債の境界線を、格付け符号のみならず、年限を加味して考えるべきだ。格付けを上手く活用すれば、IG 債/HY 債の境界線も変わり得る。

「シングル A 格以上信仰」を払拭しよう

日本の社債の商品性改善の方向性は、大きなデフォルト時損失率（LGD）故に、低いデフォルト率（PD）の社債しか許容されない状況を、期待 LGD を引き下げることでより大きな PD の社債（格付けの低いものや、より長期の社債）でも許容できるように変えてゆくことだと第 2 章で指摘した。そして、期待 LGD を引き下げるために、社債の商品性改善が議論されている。しかし一方で、現状市場で許容される格付けは、そもそも高すぎると考えている。

日本の社債市場にはいつの間にか、投資家にも、そして発行体にも「シングル A 格以上信仰」が蔓延っているように感じるのは筆者だけだろうか？ 投資家は投資するならシングル A 格以上でないと、と格付け基準を設定し、発行体も、シングル A 格以上でないと社債市場での資金調達は難しい、と思い込んではいないだろうか。「卵が先かにわとりが先か」的な議論かもしれないが、まずは投資家から、そして発行体も「シングル A 格以上信仰」を払拭する必要があると考える。そうすれば、日本の社債市場に「BBB 格」銘柄が増えるのではなかろうか。

第6章　信用拡大化の方向性

　シングルA格以上信仰を払拭するためには、格付け符号の裏にあるデフォルト率（PD値）に着目するとよいだろう。グローバル金融危機以降、格付け会社は規制業種となった。よって、金融庁が各格付けの3年平均累積デフォルト率の基準レベルを定めている。その大きなクリフ（崖）は、「A～BBB」間（0.25％～1.00％）ではなく、「BBB～BB」間（1.00％～7.50％）にあることが分かる（第2章参照）。一般的にBBB格以上を投資適格（IG）とよぶこととも整合的だ。日系格付け会社の実績もしかりである（注：外資系格付け会社のBB格付けは基準レベルに比し厳しすぎるので、第2章で記したように、筆者は格付け符号のキャリブレーションが必要だと思っている）。よって、クレジットアナリストを生業としてきた筆者から見れば、シングルA格以上を社債の投資範囲に設定することは、殆ど信用リスクを取っていないにも等しいと感じる。BBB格のPD値は決して高いものではないだろう。そのことは、年限別のデフォルト率を眺めれば更に見えてくる。

　格付け符号ではなくPD値で見れば、「シングルA格以上信仰」は払拭できると思うがいかがだろう。社債が持つ狭義の信用リスク（＝デフォルト率：PD値）は年限により変化する。発行体格付けが高くとも、年限が長くなればPD値は上昇するし、その逆、発行体格付けが低くとも、年限を短くすればPD値は低下する。

　既に指摘したように、金融庁がBBB格の3年平均累積デフォルト率として示す基準レベル（PD：1.00％）を便宜的にIG/HY債の境目と仮定すれば、発行体格付けが仮にBB格でも年限を短くすれば十分にIG債とよべるし、発行体格付けがシングルA格でも年限10年超になってくれば、実はIG債とよんでも信用リスクの水準は異なることが見えてくる（前掲図表6-2参照）。

　どうだろう、PD値で考えれば、投資対象をシングルA格以上に限定してしまうことがいかに合理的でないかが見えてくる。まずは投資家がシングルA格以上信仰を払拭すれば、BBB格を取得して社債市場にデビューする発行体が増え、投資対象が拡大する。こんな好循環を期待したい。

格付けの呪縛から解き放たれよう!!

「シングルA格以上信仰」の払拭もそうだが、国内の社債投資家を格付けの呪縛から解き放つことを、筆者はライフワークの一つと勝手に捉えている。「受動的」に格付けに使われるのではなく、「能動的」に格付けを活用できるようになれば、社債投資からのリターンは、大きく改善すると考える。

例えば、マイナス金利政策下、「年限1.5年、利率0.990％の社債」と聞いて、興味を示さない社債投資家はいなかったはずだ。しかし、同社債の格付け「BB格」を聞いた途端、投資家は思考停止に陥って、機械的に同社債を投資対象から外してしまう。明らかに投資適格級に向け信用力の改善途上にある銘柄であるにもかかわらずだ（後述するアイフル債のこと）。

特に長らく気になっているのが、信用（クレジット）評価・分析のプロであるべき金融機関が、格付け（ここでは格付け会社が付す外部格付け）依存の投資行動を続けていることだ。筆者はクレジットアナリストをしていた時代、金融機関のお客様を訪問してよくこう問いかけた。「ソフトバンクグループや東京電力グループを格付けしている格付け会社のアナリストに直接お会いしたことがありますか？」と。名前も顔も、素性も、能力も知らない格付けアナリストが付けた符号（例えば投機的等級の格付け）を、格付け会社の「看板」を信じて、投資判断、リスク管理に使うのはなぜですか、と。金融機関が、「本業」である融資判断を行うのに、見ず知らずの他人がつけた外部格付けや判断をそのまま鵜呑みにして利用することなどあり得ない。しかし、有価証券運用部門になると、何の疑いもなく「外部格付け」依存が蔓延ってしまう。

かつて東芝債の価格が急低下した後（勿論、格付けは投機的等級にまで格下げされていた）、筆者らを訪ねてきた海外の投資家たちは、本当に一言たりとも、「格付け」を口にすることはなかった。東芝の信用判断やクレジットストーリーの意見・見解は求められても、格付けを気にする投資家は皆無であった。皆、クレジット評価・判断は自分たちで行っているからだ。

格付けは社債市場のインフラだが、決して「受動的」に使われるものではなく、「能動的」に活用するものだ。各格付け会社の特徴や、格付け手法、そして時には格付けアナリストの性格・特徴までをも利用して、積極的に格付けを活

用することが社債投資には必要だと思っている。第 2 章で論じたが、格付けの呪縛から解き放たれよう !!

アイフル債に続け（日本初の公募HY債）

　消費者金融大手のアイフルには格上げが続いている。アイフルの格付けは 2023 年末に予想通り片足「シングル A 格」まで到達済みである（同年 12 月 26 日、JCR はアイフルの格付けを「A －／安定的」に引き上げた）。その際、筆者らは「アイフルについては、JCR のみならず R&I による格上げにも期待がかかる。」と評していたが、2024 年 3 月 5 日、R&I は同社の格付けを「BBB」に 1 ノッチ格上げすると発表した。アウトルックは引き続き「ポジティブ」なので、更なる格上げの期待が残る。

　第 2 章で紹介したように、格付けは上がる時には遅行指標化しやすいこと、そして、信用力向上銘柄は、格付けが実際に上がる前から投資を開始することが有効なことを強調したい。アイフルが"両足 IG"に復帰してからは、超過需要を集めるホットな起債が続いているが、BB 格で発行された公募アイフル社債に投資できた投資家はごく稀で、殆んどいなかったことを思い返してもらいたい。

　アイフルの格付けが「片足」IG に復帰したのは 2021 年 10 月 13 日（R&I が「BB」から「BBB －」に 2 ノッチ格上げ）、「両足」IG に復帰したのがその約 2 か月後の 2021 年 12 月 28 日だ（JCR が「BB ＋」から「BBB」に 2 ノッチ格上げ）。その後も同社の格付けにはポジティブアクションが相次いでいる。最近の格付け動向だけを見れば急速な格上げだが、IG 復帰まではその動きは遅く、足元の格上げはそれまでの遅れを取り戻すべく行われている感が拭えない。IG 復帰への格上げが R&I/JCR ともに一気に 2 ノッチの格上げであったことも証左の一つだ。

　筆者が所属していた大和証券では、2018 年末頃から同社の IG 復帰時期が短中期的な注目点と指摘していた（上述したように、実際にそうなったのは 3 年後）。事程左様に、クレジットアナリストの視点から見てもう十分信用が回復していると思えても、実際の格上げアクションはなかなか行われない。かなり時

図表6-3　2019年以降のアイフル債発行実績

回号	発行日	年限	利率(%)	発行額(億円)	
61	2019/6/14	1.5	0.99	150	償還済み
62	2020/12/10	1.5	1.00	150	償還済み
63	2021/6/10	1.5	0.93	200	償還済み
64	2022/6/15	2	0.97	300	
65	2022/12/14	3	0.94	150	
66	2023/6/13	3	0.87	150	
67	2024/1/26	3	0.90	200	

(注) 2024年5月現在
(出所) 大和証券作成

間がたってから、「今、格上げ？」というタイミングでようやく格上げが行われる傾向がある。

　格付けには、第2章で記したように、「下がる時には先行指標化、上がる時には遅行指標化しやすい」特徴がある。こうした格付けの動的特徴は、格付けアナリストの身になって考えれば合点がいく。格下げが遅れて市場から非難されるのは避けたい一方で、早々に格上げしてしまった後に再度信用が悪化したのでは目も当てられないからだ。よって格下げは素早く、格上げは慎重に、となりがちだ。したがって、格付けを利用する側は、こうした格付けの動的特徴を頭に入れておく必要がある。

　アイフル債の投資にIG復帰後やシングルA格に到達した後からエントリーすることも勿論良い。しかし、やはり社債投資の醍醐味は、こうなる以前、HY債からの投資であろう。筆者はクレジットアナリストをしている際、BB格で公募社債を発行したアイフルを、究極の「SIC戦略」（後述）銘柄とよび、同社債を超が付くほど魅力的なお宝債券とも述べてきた。事ある毎に（レポート／個別訪問／セミナー等）アイフル債への投資を推奨したが、このお宝債券に実際に投資できた投資家はごく稀で、殆んどいなかった。

　しかし、晴れてBBB格銘柄となってからは、ようやく投資家層が広がってきた。同社はHY債の発行体として2019年に公募社債市場に復帰したが、その際から投資ができていれば、殆んど金利リスクを取ることなく、マイナス金利政策下にあって、信用リスクで年約1％の利回りを安定的に享受できたことに

なる（図表 6-3 参照）。

既に記したように、シングル A 格 20 年社債に投資ができるのであれば（2.5％程度の PD 値に相当）、公募社債市場に復帰したばかりのアイフルのように信用力が上向いている BB 格 1.5 年の社債に投資できない訳はないと思う。なお、その後アイフル債の PD 値が相次ぐ格上げで大幅に低下していることは言うまでもない。

米国の HY 債市場発展の経緯も見習って

日本の HY 債市場発展に向け、米国の経緯も是非見習いたいものだ。『証券アナリストジャーナル』2019 年 7 月号に、みずほ銀行証券部長の大類雄司氏（注：肩書当時）が「足元の米国クレジット市場の変化に思うこと」という文章を寄せている。その中に以下のような記述がある。

米国の HY 債市場について「創成期（1980 年頃）は投資適格から格下げされた債券（フォーリン・エンジェル）で占められていたが、その後、低格付け債券が流通し始め M&A や設備投資のための起債が増加し、幅広いニーズに対応したグローバルな市場へと発展した」。1990 年代に設立されたアマゾンも、社債市場も大胆に活用して成長マネーを取り込んで、プラットフォーマーとしての地位を確立していったそうである。また、テスラなどの新興企業が社債発行で資金を調達していることを見れば分かるように、米国の社債市場は、成長マネー供給市場の一つとして、確固たる地位を確立していることは紛れもない事実だろう。

どうだろう、米国に比し 40 年以上も遅れてはいるが、日本も HY 債市場の創世期をそろそろ迎えるべきだ。日本も米国同様、今までの HY 銘柄は、フォーリン・エンジェルのみで占められていた。そのフォーリン・エンジェル銘柄であったアイフルから HY 債の起債が始まった。まずはこうした復活起債銘柄が HY 債市場の芽を育ててくれることを望みたい。そしてその次は、日本の HY 債市場を、米国のように若い新興企業（注：と言っても、創業したてのスタートアップ企業ではなく上場を果たしたばかりの新興企業）が成長マネーを調達する場に育てていきたい。

大類氏は、日本の「公募債市場の現状も米国のような本来のリスクテイクの在り方とはまだ乖離があるという点は残るものの、(中略)、長期化する低金利局面で、社債市場における信用リスクへの取組みが活発化することを期待させるものといえよう」と述べている。大類氏が言うように、「債券（社債）市場がリスクマネーを供給する機能を果たし得るのか、そのためにはどのようなアプローチをとるべきか、常に考え続けることが重要だろう」（注：（社債）は筆者の追加）。

USEN-NEXT HOLDINGS に続け（社債活用の理想的事例）

　社債発行企業の裾野を広げていくにあたり、理想的な社債市場の活用企業があるので紹介したい。以下紹介する USEN-NEXT HOLDINGS（USEN-NEXT HD）の事例を見習って、続々と社債市場にデビューする上場企業が出てくることを期待したい。

　2022 年 9 月、店舗・施設向け音楽配信サービス等を手掛ける USEN-NEXT HD（当時の格付けは R&I で「BBB＋／安定的」）は、5 年債 100 億円（利率 1.020％）を起債して、社債市場にデビューした。その後の同社の展開は、まさに社債市場活用の理想的事例とよべるものだ。

　USEN-NEXT HD は、社債市場で調達した資金で成長投資を実施しただけではなく、社債発行を梃に銀行ローンの条件改善をも実現した。同社の業績は足元好調で今後は成長投資の効果発現も期待される。コーポレート・アクションも相俟って財務は改善、格上げ期待も高まる（2023 年 8 月に格付けの方向性は「ポジティブ」に改善した）上に、更なる社債発行も期待される。

　USEN-NEXT HD は社債発行で得た資金も活用し、放送系動画配信サービス Paravi を運営するプレミアム・プラットフォーム・ジャパン（PPJ）を簡易株式交換により買収した。シェア拡大とコスト削減効果によりコンテンツ配信事業の競争力が高まれば、同社の事業リスク低減化につながる。

　社債発行を梃に銀行ローンの条件改善も実現している。同社は 2023 年 3 月、既存のシンジケート・ローン（シ・ローン）を全額（552.2 億円）新シ・ローンで借り換える旨を発表した。コベナンツ（財務制限条項）が緩くなる上に、担

図表6-4　USEN-NEXT HOLDINGSの新旧シ・ローンのコベナンツと担保提供の変化

項目	既存シ・ローン	新規シ・ローン
経常赤字禁止	単年度	2期連続
純資産維持	前期75％以上	変わらずと推察
グロス・レバレッジ・レシオ	3.00〜5.73≦	撤廃
デット・サービス・カバレッジ・レシオ	1.05≧	撤廃
担保提供	有り	無し

(注) 上記コベナンツはいずれも連結ベース
　　 グロス・レバレッジ・レシオ＝有利子負債／EBITDA
　　 デット・サービス・カバレッジ・レシオ＝金利支払い前FCF／(有利子負債約定弁済額＋支払利息＋割引料)
(出所) 会社資料より大和総研作成

保付きから無担保になり、且つ利率は低下し返済期限も伸びる（2026年9月30日⇒2030年3月31日）など、借入条件は良化した（図表6-4参照）。社債権者にとっては、コベナンツが緩くなりクロスデフォルトのリスクが軽減すると共に、シ・ローンに対する劣後性の解消（シ・ローンと社債が共に無担保債務に）、更にはシ・ローンの返済期限が社債の償還後になるためにポジティブだ。

　ここまででも社債市場の活用の成果は十分あったといえるが、それだけでは終わらない。業績改善とその後のコーポレート・アクション（U-NEXTによるTBSホールディングスを割当先とする第三者割当増資）も相俟って財務は改善した（自己資本比率やレバレッジの改善）。そしてとうとう、期待した格上げも実現した（2024年7月24日、格付［R&I］は「A－／安定的」に格上げされた）。更なる成長投資資金の調達（財務レバレッジの再活用やROE改善の意味も含め）のために新たな社債発行の期待も高まる。初回債の投資家にとってA格への格上げ実現は手放しで歓迎だし、同社への投資機会が再度生まれることもしかりである。

　USEN-NEXT HDのような絵に描いたように理想的な社債市場の活用事例を筆者は初めて経験した[92]。同様の事例がそう簡単に生じ得るとは思わないが、社債市場をまだ活用していない企業にとって見習うべき理想的な成功事例だ。弊社も、と社債発行を目指す企業が出てくることを期待したい。

92　ちなみに、同社の初回債は、リフィニティブ・ジャパンが主催するディールウォッチ・アワード2022において「Debut Debt Deal of the Year」を受賞している。

SIC戦略（短いデュレーション&国内クレジットで利回りを）

　金融政策が緩和一辺倒から転換し、金利のある時代に入るのであれば、まずは「信用リスク」より「金利リスク」が意識されるようになるだろう。ならば、クレジット投資は「SIC戦略」[93]を考えたい。デュレーションは短めにして（金利リスクは抑えて）、国内クレジット（社債で信用リスクをとって）で利回りを稼ぐ戦略である。

　具体的には、年限を抑えた高利回り社債（BBB格社債やHY債）やハイブリッド証券などが検討に値しよう。勿論、金利リスクを抑えてデュレーションを短くすれば、稼げる利回りは低下する。社債発行企業のクレジットファンダメンタルズが良好であれば、まだ信用リスクをさほど意識する必要性はないのだから、銘柄をしっかり選別できれば信用リスクテイクの領域を広げてもよいだろう（つまり投資する格付け水準を引き下げることも選択肢に）。そしてHY債市場が未発達な日本の場合は、第5章で論じたメザニンファイナンスであるハイブリッド証券も当然「SIC戦略」遂行上の選択肢になり得る。

上場企業には社債を発行してもらいたい

　まだ社債を発行していない上場企業には、社債の発行を是非検討してもらいたい。日本の社債発行企業は、上場企業約3800社の僅か1割強、まだ約400～500社に過ぎない。上場企業ではあるが社債市場を利活用してこなかった企業の市場参入が増えれば、社債市場のピラミッドは大きくなる（図表6-5参照）。

　社債発行企業の数が増えることは、自ずとBBB格以下の銘柄などを増やし、日本の社債市場の厚みを増すことにつながる。筆者はある格付け会社が作成した上場会社の格付け推計と、実際の格付け付与会社の格付け分布を見たことがあるが、まさに次頁左図のような形であった（図表6-5参照）。日本の社債発行企業が"トップ・オブ・ピラミッド"であるが故に、"シングルA格以上市

93　「SIC戦略」は筆者の造語で、髙田創氏（日銀審議委員）の「LED戦略」に対抗して作ったもの。「SIC戦略」は①短い年限で（Short）、②国内物で（Internal）、③信用リスク（Credit Risk）で利回りを、の意味。一方、「LED戦略」は①長い年限の（Long）、②海外の（External）、金融商品を、③多様化（Diversify）させながら投資しようという意味。

図表6-5　日本の社債市場の構造「社債ピラミッド」模式図

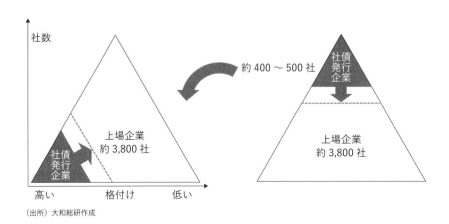

（出所）大和総研作成

場"と言ってよいほど高格付け銘柄で溢れ返る有様になっている。上場企業には社債市場の利活用を検討してもらいたい。

　教科書には、銀行による金融仲介機能には、①情報生産機能、②リスク負担機能、そして③資産交換機能があると書いてある。スタートアップ企業や中小企業のように、上場していない数多くの企業群の信用リスク情報は、銀行でなければ生産できなかろう。したがって、銀行がこうした企業にローンを提供し、情報生産の対価としてレントを得るのは理に適っている。

　しかし、既に上場し、しっかりと決算短信、有価証券報告書等で財務・非財務情報を公表している企業であれば、もう銀行に情報生産機能を委ねる必要などなかろう。なぜなら、社債より格段にリスクの高い金融商品である株式を、個人投資家も含めた様々な投資家がそうした情報をもとに売買しているからだ。また、社債に投資をする投資家は、個人も含め十分にリスク負担能力もあるので、わざわざ銀行にリスク負担をお願いして、預金を銀行ローンに交換してもらう必要もないと考える（言い換えれば、銀行にリスク負担をお願いしているがために、個人が預金をして得られるリターンが削られている）。

　まだ社債を発行していない上場企業群が社債を発行し、国内社債市場のすそ野が大きく広がれば、預金に偏る国民（家計）の金融資産が、ミドルリスクの社債に少なからずシフトすることにもつながろう（社債市場のリテール化は第

8章で論じる)。

ESG債発行を契機にBBB格銘柄が社債デビュー

第4章で論じたサステナブルファイナンスへの関心の高まりのおかげで、ESG債の発行を機会にBBB格銘柄が社債市場へデビューする事例も散見される。ESG化の方向性が、信用拡大化の方向性と相俟って社債市場活性化に寄与する好事例だ。発行額は少額で、且つ継続的な社債発行体になるか否かはまだ分からないが、BBB格銘柄の厚みを増す一助となるので歓迎したい。

これまで、大建工業(グリーンボンド)、学研ホールディングス(ソーシャルボンド)、レノバ(グリーンボンド)、栄研化学(サステナビリティボンド)、朝日印刷(グリーンボンド)等々がESG債の発行を通して社債市場にデビューしている。いずれも発行時はBBB格銘柄だ。こうした銘柄の起債はいずれも、100億円未満のいわゆる小粒のディールではある。

額は少額でも、ESG債の発行を契機にBBB格銘柄が社債市場に参入してくれることは大歓迎だ。これからもこうした事例が増えることを期待したい。

BBB格銘柄増は地域金融機関にとってプラス

社債市場でのBBB格銘柄の厚みを増すことは、地域金融機関の有価証券運用にとってもプラスとなろう。自己資本比率規制での標準的手法によるBBB格銘柄のリスクウェイトは、現行の100%から75%に引き下げになるが、市場に物がなければ活用できない。

バーゼルⅢ最終化を踏まえた、国内銀行の自己資本比率規制では、BBB格の事業法人向けリスクウェイトが現行の100%から75%に引き下げになる(内部モデルを用いない国内基準行への適用は2025年3月末から)(図表6-6参照)[94]。よって、地域金融機関にとって、BBB格銘柄の社債は今まで以上に投資しやす

---

[94] 銀行の自己資本比率規制の内容については、大和総研金融調査部制度調査課 吉井一洋編著、金本悠希・小林章子・藤野大輝著『詳説 バーゼル規制の実務』(金融財政事情研究会 2019年)を参照願いたい。

図表6-6　事業法人向けエクスポージャーのリスクウェイト

格付け水準	AA格以上	A格	BBB格	BB格	B格以下	無格付け
改正告示	20%	50%	**75%**	100%	150%	100%
現行告示	20%	50%	100%	100%	150%	100%

(出所) 金融庁の現行・改正告示より大和総研作成

くなる訳だ（自己資本比率計算上の分母であるリスク加重資産の減少要因になる上に利回りが出るので、リスク加重資産対比の利回りが上昇する）。

しかし、地域金融機関がリスク加重資産対比利回りの稼げるBBB格銘柄を活用したいと思っても、現状の社債市場ではその機会は多くはない。BBB格銘柄が列をなし社債市場にデビューを果たすことを大いに期待したい。

● コラム ●

スタートアップ企業の社債発行を促進？

　社債市場の活性化は筆者の悲願であるが、どんな企業も社債を発行するようになればよいと考えている訳ではない。第2章でも紹介したように、2023年9月15日、金融庁金融審議会の「市場制度ワーキング・グループ」は、社債市場の活性化について議論している。そこでは、信用リスクが相対的に高いスタートアップ企業による社債発行の促進も社債市場の発展に寄与するとされた（図表6-7参照）。しかし、筆者はこの考えには反対だ。

　社債投資家は、発行企業が公表している「公開情報」でしか信用・投資判断ができない。既に上場し、しっかりと決算短信、有価証券報告書等で財務・非財務情報が公表されていればいざ知らず、上場もしていないスタートアップ企業が社債を発行しても、投資家は殆ど信用・投資判断を行うことができないばかりか、発行された後のリスク管理もおぼつかない（勿論、社債を発行すれば有価証券報告書は出るが半期に一度だ）。

図表6-7　日本の社債市場の構図と論点

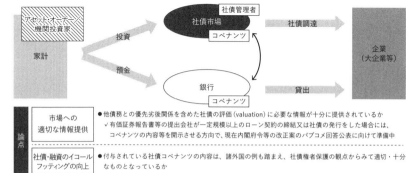

（注）下線は筆者が追加
（出所）金融庁金融審議会「市場制度ワーキング・グループ」（第24回）事務局作成資料より抜粋

社債は、しっかりとした公開情報が存在する「上場企業」こそが主に発行すべきものであり、スタートアップ企業にはそぐわないと思う。スタートアップ企業の負債調達は、それこそ情報生産機能を持つ銀行がローンを通じて行うべきだ。上場企業の負債調達を銀行ローンとして抱え込んでいる銀行には、それを社債市場に吐き出してもらいたい。そしてその代わりに、課題とされているスタートアップ企業の負債調達をしっかりと支援してもらいたいものだ。

● コラム ●

国の財務書類はクレジット分析の教科書

　企業会計の考え方・手法を参考に財務省により作成された「国の財務書類」（最新版は、令和4年度［2022年度］）からは、企業のクレジット分析を行うにあたり、幾つかの示唆が得られる。つまり、クレジット分析の教科書になることを紹介したい。

　企業のクレジット分析への示唆は、1）バランスシート（B/S）が債務超過でも資金繰りが回ればデフォルトはしないこと、2）営業キャッシュフローがマイナスになると債務が雪だるま式に膨らむこと、そして3）負債のマチュリティが短期に集中すれば資金繰りは苦しくなることの3点だ。

　国のバランスシート（B/S）は700兆円を超える債務超過状態であるにもかかわらず、当たり前だが日本は（日本国債は、と言い換えてもよい）、デフォルト（債務不履行）はしていない（図表6-8参照）。なぜなら、資金繰りがしっかりと回っているからだ。企業も同じで、仮に会計上のB/Sが債務超過であっても、資金繰りが回っていれば倒産やデフォルトはしない。逆もまた真で、B/Sが債務超過でなくても、資金繰りが回らなければ倒産、デフォルトの憂き目にあうことはある（第1章で紹介したコラム「どちらが破綻会社？」も参照）。つまり、企業活動の血液である資金がしっかり回っているか否かを分析する資金繰り分析は、クレジット分析にとってとて

図表 6-8　国（一般会計・特別会計）のバランスシート

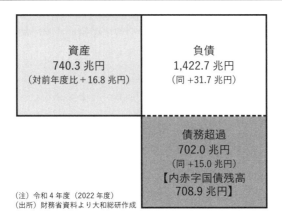

図表 6-9　国（一般会計・特別会計）の資産・負債差額の推移

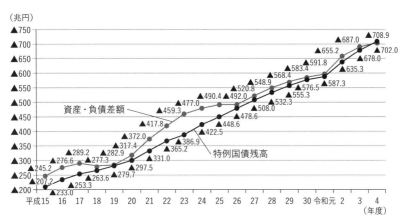

も大切だ。

　国のB/Sを見ると、債務超過額はほぼ特例国債（＝赤字国債）の残高に近い（図表6-9参照）。公共事業を資金使途として発行される建設国債はそれに見合う資産が計上されるが（設備投資を負債で賄っているイメージ）、税収など財源で賄えない国の業務費用（社会保障関係費や補助金・交

図表6-10　国債の償還スケジュール

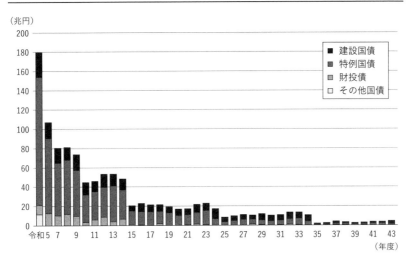

(出所)財務省資料より抜粋

付金など)を赤字国債で賄っているので(借金で経費を賄っているイメージ)、その赤字が負債として積み上がっている。こうした状態からのクレジット分析への示唆は、営業キャッシュフローがマイナスに陥れば、債務が雪だるま式に膨れ上がっていくことだ。クレジットアナリストはキャッシュフロー計算書を重視する。国のように、営業キャッシュフロー段階からマイナスの企業は、その時点で要注意信号が点滅する。

　クレジット分析にとって資金繰りが回るか否かがとても重要だと上述したが、その際、負債のマチュリティ構造は重要なチェックポイントとなる。国債の償還スケジュールに見られるように、負債のマチュリティが短期に集中していることは、足元の資金調達負担が重いことを意味するからだ(図表6-10参照)。短期に集中した負債のマチュリティ構造を持つ企業は、資金調達環境が悪くなれば、たちまち資金繰りに窮することになる。かつて、公募社債を発行していた日本の新興系不動産会社が、短期にマチュリティが集中した脆弱な負債構造故に資金調達環境悪化のあおりを受け、バタバタと黒字倒産していったことが筆者の頭によみがえる(第1章参照)。

負債のマチュリティ構造は、毎年の資金調達負担軽減のためにもできるだけラダー型に近いものであれば、クレジット分析上は安心だ。

　見てきたように、国の財務書類は、かなり特異であるが故に、様々なクレジット分析上の示唆を与えてくれるとても有用な材料であり、教科書だ。クレジットアナリストの目からみて国の財政を憂うだけではなく、国の財政書類を教科書として、これからの企業分析に役立てたい。

第7章

デジタル化の方向性

社債市場にパラダイムシフトを起こす可能性

　生成 AI の誕生など、IT（情報技術）の進歩は目をみはる。デジタル化の方向性、原動力が、社債市場にもパラダイムシフトを起こす可能性は十分にあるものと筆者は感じている。

　ブロックチェーン（取引記録を残せる分散型台帳）上で管理されデジタル化された社債、いわゆるセキュリティトークン社債（ST 社債）が現実化している。社債を含めたセキュリティトークン（トークンという形でデジタル化された証券）は、2020 年 5 月施行の改正金融商品取引法で法的に規定され、金融機関での取り扱いが可能となった。故にそれ以降、発行事例が増えている。

　セキュリティトークン化できる資産は、本書で論じている社債のみならず、不動産や株など多岐にわたる。現時点では、不動産を裏付け資産としたセキュリティトークンの発行事例が多いようだが、ST 社債の発行も徐々にではあるが増えつつある。

　社債を含めたセキュリティトークンは、証券取引及び決済において、透明性、効率性、安全性の向上を低コストで実現することが期待されている。筆者が所属する大和証券グループでは、投資家に対して新たな資産運用手段を提供し、発行体に対して新たな資金調達方法を提供し得る金融商品であることから、セキュリティトークンを成長ビジネス領域と捉え、積極的にその開発・活用を進めている。ちなみに大和証券は、2022 年 2 月に不動産 ST を事業化して以来、2024 年 1 月 31 日時点で約 297 億円の不動産 ST の引受・募集を行い、国内トップシェア（引受金額ベース）を有する。

　以下では、まず筆者が所属する大和証券グループの ST 社債への取り組みを紹介する。その後、その他の特徴的な案件として、丸井グループによる ST 社債の継続発行、日立製作所によるベンチマークサイズの ST 社債の発行事例を紹介したい。

セキュリティトークン社債（ST 社債）

　ST 社債はブロックチェーンを利用することにより、今まで発行体にとって

は困難であった投資家の把握が随時可能になり、定期的な情報提供や特典付与などを通して投資家とのコミュニケーション活性化が期待できる。また、現金以外での決済や発行体の事業活動に応じて利率を変えるなどの柔軟な商品設計も可能だ。勿論、デジタル化により投資単位を小口化できることも特徴だ。

もっとも、システム障害や不正改ざんなどST社債特有のリスクの存在も指摘される。しかし、セキュリティトークンの発行プラットフォームのみならず、取引所の整備、そしてデジタル通貨の発行、といった各種インフラ整備も相俟ってST社債が広がれば、社債の発行・流通形態が、現在の証券保管振替機構（ほふり）をプラットフォームとしたものからパラダイムシフトを起こすことも考えられる。社債のデジタル化の方向性、原動力は、社債市場を大きく変えることになる可能性を秘めているといえそうだ。

大和証券グループの取り組み

大和証券グループでは、ST社債発行に向けた実証実験などを経て、2024年3月に大和証券グループ本社を発行体とした第1回大和証券グループ本社セキュリティトークン社債（社債間限定同順位特約および譲渡制限付き）10億円の発行（年限1年、利率年0.8％、額面10万円、利払いは楽天キャッシュ）を実現している。また、発行プラットフォームのパブリック化（特定の管理主体を置かず不特定多数の参加者により合意形成を行うブロックチェーン）に向け、セキュリティトークンの発行、発行プラットフォームの開発に向けた概念実証も行っている。

ST社債発行に向けた実証実験

2021年2月26日、大和証券グループ本社とデジタルガレージは、ブロックチェーン技術を活用した「デジタル社債」（ST社債は、デジタル社債とよばれる場合もある）発行の実証実験を開始したと発表した。大和証券グループは、この実証実験で得られた知見・課題をもとに金融・資本市場のパイオニアとして、企業には資金調達手段の多様化を、投資家には魅力的な投資機会の提供を

図表7-1 「大和証券デジタル社債」の発行スキーム図

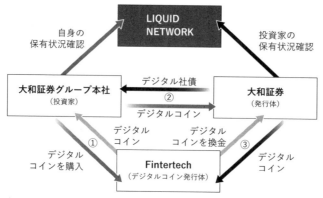

(出所) 大和証券グループ本社プレスリリース (2021年2月26日) より抜粋

行うことで、社会へ新しい価値を提供していく目標を掲げる。大和証券グループでは、以下、二つの「デジタル社債」に関する実証実験を実施した。

一つ目は円・ドルなど中央銀行発行の実物通貨ではなく、デジタルコインを対価として払い込む「大和証券デジタル社債」の発行実験である（図表7-1参照）。デジタル通貨を活用した社債の発行・譲渡・利払い・償還等が行われるようになることで、透明性・正確性・効率性の高い有価証券の発行・管理が可能となり、これまで証券化されなかった新しい資産クラスの証券化や、流通市場の効率化につながり得ると考えられる。実験では、大和証券がデジタル社債を発行し、同社債を大和証券グループ本社が、デジタルコインを用いて購入する。

二つ目は、社債の発行会社がブロックチェーン技術を活用し、投資家情報を直接管理する「大和F&Aデジタル社債」の発行実験だ（図表7-2参照）。社債発行会社が投資家の社債保有情報を、発行時点のみならず流通市場においても直接管理することが可能となるので、所有期間・数量に応じた各種特典やポイントの付与など、多彩なサービスの提供が可能となると考えられる。実験では、大和フード＆アグリ（大和F&A）が大和証券グループ本社の役職員にデジタル社債を発行し、ブロックチェーン技術を活用して社債権者名簿を作成する。同社債は投資家間で売買が行われ、償還時保有投資家に対して、大和F&Aが資本参加するみらい畑が生産する農産物が特典として付与された。

図表 7-2 「大和 F&A デジタル社債」の発行スキーム図

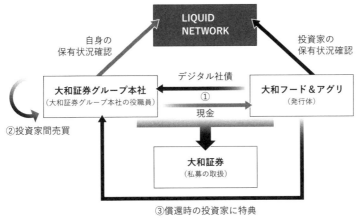

（出所）大和証券グループ本社プレスリリース（2021 年 2 月 26 日）より抜粋

図表 7-3 「大和証券グループ本社 ST 社債」の発行スキーム図

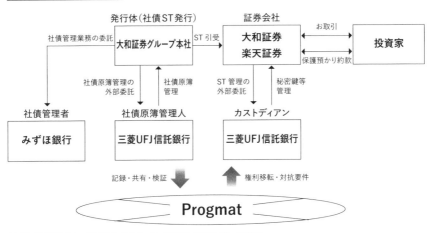

（出所）大和証券グループ本社プレスリリース（2024 年 2 月 21 日）より抜粋

ST 公募社債の発行

　こうした実証実験を踏まえて、大和証券グループは、2024 年 3 月 21 日、利払いを全額電子マネー（楽天キャッシュ）で行う第 1 回大和証券グループ本社

セキュリティトークン社債（社債間限定同順位特約及び譲渡制限付き）を公募債として個人投資家向けに発行した。同ST社債発行のスキームは前頁（図表7-3参照）に示した通りである。ブロックチェーン基盤からなるデジタル社債プラットフォーム（発行プラットフォーム）としては"Progmat"が使用されている。

　なお、利息全額を電子マネーで支払うST社債の発行は、日本初の試みだ。電子マネーを利払いに活用することで、単なる事業資金の調達のみならず、ポイント経済圏を展開する企業のマーケティングなどへ社債の発行目的が広がることになる。ST社債は、既存の社債と異なり発行体が直接社債の保有者を管理できるため、商品・サービスのプロモーションに社債を活用することが可能となるためだ。

発行プラットフォームの開発に向けて

　2024年3月6日、大和証券グループは、国内初のパブリックチェーンによるセキュリティトークンの発行、及び発行プラットフォームの開発に向け概念実証を行ったこと、併せて、その検証結果について発表している。

　ST社債も含め国内で発行されているセキュリティトークンは、あらかじめ限定された参加者により合意形成を行うクローズド型のブロックチェーンがプラットフォームとなっているが（大和証券グループ本社ST社債の場合は"Progmat"）、セキュリティがより堅固で既存トークンとの相互運用性が高いパブリックチェーンの利用が将来的には求められている。こうした取り組みを進め、ST社債の発行が広がりを見せていくことが期待される。

丸井グループによる「デジタル社債」の継続発行

　丸井グループは、同社が発行するクレジットカードであるエポスカード保有者を対象に、ESG債（ソーシャルボンド、グリーンボンド）を「デジタル社債」（ST社債のこと）として継続発行している。

　2022年6月に実現した1回債を皮切りに、既に4回債（2024年5月発行）ま

での発行が終わっており（いずれも年限1年で利率1％）、発行額は1億円から2億円強と少額であるが（額面は1万円で1〜100口まで購入可能）、多くの超過需要を集めているようだ（例えば、1回債は当初予定発行額1億円程度に対し、約20億円の応募があり、その4か月後の2回債の発行に至っている）。

丸井グループのST社債は、証券会社による社債の引受は行われず、発行体自らによる自己募集を行うこと、また、利払いの一部が現金ではなくエポスポイントで支払われるのが特徴だ（内訳は、金銭0.3％、エポスポイント0.7％）。なお、ST社債の発行プラットフォームは"Securitizeプラットフォーム"が使用されている。

投資家を自社サービスの利用者に限定し、会社のビジョン「ビジネスを通じてあらゆる二項対立を乗り越える世界を創る」の実現に向けST社債をESG債として発行する、つまり「応援投資」と「資産形成」を両立させるコンセプトは斬新だ。丸井グループは自身で「『応援投資』は、"誰かの未来を応援したい"という社会貢献に取り組みたい気持ちと、"預金より高い利息収入"という資産形成を両立することをめざす新しい仕組み」と記している。

丸井グループによるST社債は、継続的に発行されていることから見て定着しつつあるが、まだ他社に横広がりは見せてはいない。但し筆者は、応用可能性のある画期的な試みだと評価している。

日立製作所によるベンチマークサイズのST社債

ST社債はまだ黎明期で、小粒な発行事例が殆んどである。そんな中、個人投資家向けではなく、機関投資家向けに、それもベンチマークサイズとなる100億円をST社債として発行した日立製作所の事例は特筆される。

日立製作所は2023年12月、グリーン・デジタル・トラック・ボンド（デジタル環境債）を発行した（年限5年、利率0.598％）。ST社債をESG債の課題を解決する手段として活用しているところが特筆される（図表7-4参照）。

同債はグリーンボンドとして発行され、調達資金は省エネビルである同社中央研究所の建設費用、及び改修費用のリファイナンスに充当される。同時に、ST社債として発行することで、グリーン投資に関連したデータの透明性向上

図表7-4　日立製作所のデジタル環境債の発行スキーム図

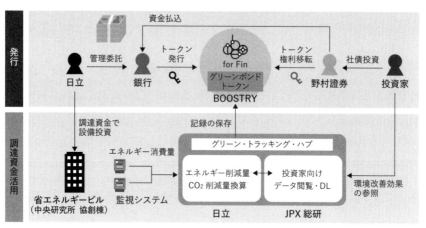

(出所) 日立製作所プレスリリース (2023年11月16日) より抜粋

やデータ収集の効率化、また、投資家とのIR改善を実現する。

具体的には、資金充当した省エネビルのエネルギー消費量を自動的に計測、ベンチマーク比でのCO_2排出削減量、エネルギー削減量に換算した上で、投資家がいつでも外部からモニタリングできるようにしている。従来のグリーンボンドでは、発行体にとっては、グリーン投資にかかるデータの透明性やデータ収集の煩雑性が課題であった。日立製作所のST社債は、こうした課題を解決する。また投資家にとっても、環境改善効果の透明性が増し、且つ効果の参照がタイムリーに行えるようになる利点がある。なお、発行プラットフォームとしては"ibet for Fin"が使用されている。

日立製作所と日本証券取引所の子会社であるJPX総研が開発したグリーン・トラッキング・ハブがこうした仕組みを実現している。なお、ベンチマークサイズの同債発行の前に、日本証券取引所が同種のデジタル環境債を2022年6月に5億円発行している。日本取引所グループでは、同ST社債スキームの利便性を向上させ、多くの発行体・投資家に利用してもらうことを目指しているようだ。

フィンテック化で社債もパラダイムシフトの可能性も

　ST社債の発行額は、日立製作所の100億円を除けばまだまだ微々たるもので（数億円から数十億円）、まだ黎明期に過ぎない。しかし、本書で紹介した事例は一例に過ぎず、様々な試みが各所で競うように行われていることが示すように、その拡大・発展のポテンシャルは大きいといえよう。

　フィンテック領域の技術開発のスピードは速い。デジタル技術によりST社債が透明性、効率性、安全性の向上を低コストで実現することになれば、既存社債がST社債に一気に置き換わることにもなり得る。また、ST化により社債が単なる事業資金の調達だけではなく、顧客の囲い込みやマーケティングのツールとして使えるようになれば、今までなかった新しい社債の発行ニーズを掘り起こすことにもなる。

　デジタル化の方向性、原動力が、社債市場にパラダイムシフトを起こす可能性は十分にあるものと筆者は感じている次第である。

第8章

リテール化の方向性

大きなポテンシャルを秘めたリテール社債市場

　第4章から第7章までは、どちらかといえば社債の発行体側、つまり企業金融の多様化の視点から見た社債市場の拡大、活性化の方向性（原動力）を論じてきたといえる。もっとも、社債市場の活性化の方向性（原動力）はそれだけではない。投資家の多様化を通じた活性化も十分あり得る。その際は、2000兆円を超えた家計金融資産の一部を社債投資に振り向ける、つまり、現在の機関投資家中心の社債市場に加えた、個人向け社債市場（リテール社債市場）の拡大こそが、その方向性（原動力）といえるだろう。

　家計金融資産の過半は依然現預金だ（図表8-1参照）。同資金を、市場を通した社債投資に誘導できれば、残高100兆円に満たないちっぽけな社債市場は一気に拡大し得る。物価は、デフレからインフレの局面に変わっている。資産運用をしなくても資金価値の目減りが起きなかったデフレ時代とはもう違う。インフレ下ではしっかりと資産運用をしなければ資金価値は目減りする[95]。リテール社債市場の拡大は、後述するように決して無理なことではない。既に同市場を大いに活用しているソフトバンクグループ（ソフトバンクG）などフロントランナーも存在する。

社債を「貯蓄から投資へ」の架け橋に

　後述するがソフトバンクGは、リテール社債市場を上手に活用している企業の筆頭、フロントランナーだ。同社のリテール市場の活用を見ると、社債を通じて「貯蓄から投資へ」を実現することが決して無理ではないことがうかがえる。同社後藤CFOの従来からの見解を紹介したい。

　2020年12月、「NIKKEI Financial」（日本経済新聞社）で後藤芳光CFOは、個人金融資産の預金（ローリスク・ノーリターン[96]）か株（ハイリスク・ハイリターン）かの二元論に風穴を開け、両者をつなぐ架け橋として、社債の活用

95　インフレ率以上の利回りを確保する必要が本来はあるが、日本の場合は日銀による多額の国債買入れで金利が低く押さえつけられているので難しい。
96　マイナス金利政策下なので「ローリターン」とせず、こう表現したと推察する。

図表8-1　家計金融資産残高

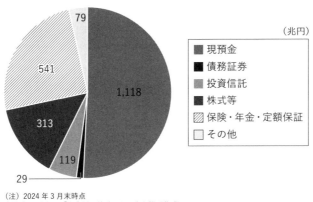

(注) 2024年3月末時点
(出所) 日本銀行「資金循環統計」より大和総研作成

が有効だと主張した。2024年に入り株式市場は、史上最高値を更新するなど活況で、預金から株式への資金移動がにわかに期待されている。しかし、「貯蓄から投資（資産形成）へ」の実現には社債の活用も有効だろう。

「貯蓄から投資（資産形成）へ」とお題目をいくら唱えても、個人投資家はそう簡単には踊らない。後藤CFOはその原因を、個人投資家の金融リテラシーが低いことにあるのではなく、投資家のニーズに合った商品を金融市場が提供できていないことにあると指摘する。「ミドルリスク・ミドルリターン」を実現できる社債の活用こそ有効だと後藤CFOは説く。個人向けシニア債、劣後債、そしてハイブリッド証券の発行を通して個人投資家に社債投資ニーズがあることを証明したソフトバンクGのCFOによる提案は、説得力があるし傾聴に値する。

後藤CFOは、どんな発行体でも個人投資家のニーズに合う社債の商品設計はできるはずだと主張する。格付けが高くピカピカの発行体なら、劣後債やハイブリッド証券としてミドルリスク商品の設計は可能だろう。また、クレジット評価がまだ十分に高くない発行体や比較的高い利率の資金コストが許容できる発行体なら、シニア債でも十分個人投資家のニーズを満足させることができるだろう。2000兆円を超す巨大な金融資産を持つ家計（個人）が直接社債の買い手になれる個人向け社債市場を開拓することは、発行体の資金調達手段を多

様化することにもつながる。こう考えれば、発行体の中には、個人向け社債を発行しようと思う企業も出るのではなかろうか？

「貯蓄から社債へ」は決して難しくない

　貯蓄（預金）をいきなり株式投資に移すことは一筋縄ではいかない。長年それを目指して努力しながら、なかなか実現してこなかった現実がその難しさを物語る。それよりは、預金をまずは社債投資に移す方が理に適っていると思うがいかがだろう。

　なぜなら、銀行など預金取扱機関に集められた預金は、金融機関を通して現在も企業融資（社債と同様の金融商品）に使われているからだ。金融機関に集められている預金を、市場を通して、つまり金融機関を通す間接金融ではなく、直接金融で社債投資に回すことはそう難しいことだとは思わない。例えて言えば、今まで卸を通していた販売ルートを、直販に変えるようなものである。

　株式を上場し、しっかりと決算短信、有価証券報告書等で財務・非財務情報を公表している企業群であれば、社債より格段にリスクの高い株式を個人投資家も含めた様々な投資家がそうした情報をもとに売買している事実から分かるように、もう銀行に情報生産機能を委ねる必要などないだろう（第6章参照）。また、社債に投資をする投資家は、個人も含め十分にリスク負担能力もあるので、わざわざ銀行にリスク負担をお願いして、預金を銀行ローンに交換してもらう必要もないと考える。

　日本の場合、株式投資に良い印象を持たない人も残念ながらまだまだ多いようだ。よって、日本人の投資性向からも低リスク資産の預金を高リスク資産の株式に一足飛びに移行するのは容易ではないと考えられることから、まずはミドルリスクの社債に投資対象を移すこと（つまり社債を架け橋にすること）を考える方が得策ではないだろうか。勿論、間接金融主体の日本の上場企業金融の構図を直接金融主体に変えていくのは大変だ。しかし、諦めてしまっては元も子もない。できれば筆者の目の黒い内に、少しでも上場企業の社債調達のシェアを上げ、また、メザニン調達（劣後債やハイブリッド証券）を増やし、預金を社債投資に移すことで「貯蓄から投資へ」を実現したい。

社債を含め債券運用の見直しを〜「定期預金」VS「債券運用」

　日銀がマイナス金利政策を解除して金融政策の正常化に向け舵を切ったことで、メガバンクなど大手銀行に定期預金金利の引き上げの動きが広がり始めた。しかし、定期預金金利が上昇するといっても、その水準はまだまだ低い。金融リテラシー[97]のある投資家であれば、債券運用の方が低・同信用リスクでも（注：ここが重要）より大きなリターンが得られることが分かるはずだ。定期預金よりは国債、いや社債をお薦めしたい。

　三菱UFJ銀行の定期預金（スーパー定期）金利は5〜6年物で0.2％、7〜9年物で0.25％、10年物で0.3％となる[98]。10年物の定期預金金利はマイナス金利政策下、長らく0.002％であったので、実に150倍に上がったことになる。家計金融資産の過半が現預金で預金選好の強い日本の場合、こうした水準の定期預金金利に魅力を感じる投資家もいるのかもしれない。しかし、繰り返しになるが、金融リテラシーのある投資家であれば、より低信用リスクで利回りを稼げる国債や、同等の信用リスクで更に高い利回りを稼げる社債があることはご存じのはずだ。

　定期預金も債券運用（固定利付債への投資）も、資金運用者である投資家から見れば、一定期間の期限の利益を預金先の銀行や債券発行体に与える固定利付の運用だ。上記三菱UFJ銀行の5年物定期預金の金利は0.2％だが、2024年5月に募集され6月17日に発行された個人向け国債「固定5年」の利率は0.45％だ。日本最大のメガバンクである三菱UFJ銀行の信用は勿論高いが、それでもR&I：「AA／安定的」、JCR：「AA／安定的」で、いずれも国の格付け（R&I：「AA＋／安定的」、JCR：「AAA／安定的」）には及ばない。よって、より信用リスクの低い国債運用の方が、定期預金よりより高い利回りが得られることになる訳だ。

　ここまで終わらないのがクレジットアナリストを長く務めた筆者だ。定期預金と社債投資を比べてみたい。定期預金を含む銀行預金も、事業会社が発行

---

[97] 「金融リテラシー」とは、経済的に自立し、より良い生活を送るために必要なお金に関する知識や判断力のこと。
[98] 2024年5月時点。

図表 8-2　ソニーグループ社債の概要

発行体名	利率	発行価格	発行額(億円)	条件決定日	発行日	償還日	年限	債券格付 R&I	債券格付 JCR	債券格付 Moody's	債券格付 S&P	担保
ソニーグループ	0.350%	100	600	2024/3/1	2024/3/7	2027/3/5	3年	AA-	AA			完全無担保
	0.627%	100	600	2024/3/1	2024/3/7	2029/3/7	5年	AA-	AA			完全無担保
	1.001%	100	300	2024/3/1	2024/3/7	2034/3/7	10年	AA-	AA			完全無担保

(出所) 大和証券調べ

する普通社債も、シニア無担保債務であることには変わりはない（注：預金には1000万円まで預金保険があることは勿論大きな違いではある）。2024年3月7日、三菱UFJ銀行とほぼ同格付け（R&I/JCR）を持つソニーグループが普通社債を発行している（3年債、5年債、10年債の3トランシェ）。その5年債の利率は0.627％である（図表8-2参照）。つまり、利率は三菱UFJ銀行の5年物定期預金金利0.2％の3倍超だ。社債投資を通じてほぼ同じ信用リスクを取ることによって、3倍超もの利回りを得ることができる訳だ（注：ソニーグループ債は機関投資家向け）。

物やサービスの価格が下落するデフレ経済が長く続き、貨幣価値が放っておいても上昇していた時代であればいざ知らず、既に到来しているインフレ経済下では、資金は置いておくだけでは価値が下がる。日本の預金選好の強さをとやかく言うつもりはないものの、金融リテラシーのある投資家であれば、資金をどこに投じるべきかは明白だと思うがいかがだろう。少なくとも、金利が150倍になったと変化率の数字の大きさに惑わされることなきようにしたいものだ。

ソフトバンクグループはリテール向け社債活用のフロントランナー

ソフトバンクGは2024年3月1日、個人向け社債5500億円の条件決定を行った（7年債、利率3.04％）。調達する資金は、7年前に発行した3月償還の7年債2本（個人向け社債4000億円＋機関投資家向け社債500億円＝計4500億円[99]）の償還資金などとして活用される。加えて同年5月31日、同じく個人向

99　償還は機関投資家向けが3月8日、個人向けが15日。一方、今般発行社債の払い込み日は3月15日。

図表 8-3　ソフトバンクグループのリテール債の発行及び償還の実績

*償還額はバイバック考慮前、FY＝年度
(出所) ソフトバンクグループ「2024年3月期　決算投資家向け説明会資料」より抜粋

け社債5500億円の条件決定を行った（7年債、利率3.03％）。こちらの調達資金は、6年前に発行した6月償還の6年債2本（個人向け社債4100億円＋機関投資家向け社債400億円＝計4500億円）の償還資金などに活用される。個人向け社債に関しては、いずれも償還超の再調達を実現したことになる。同社は、今後2年間分の社債償還資金を手元流動性として確保した上で、社債の償還にあたっては、償還社債同等の社債再調達を市場に問うのが従来からの財務方針である。今般もしっかりとその財務方針が堅持されたことになる。

　上記の例に見るように、ソフトバンクGは、リテール向け社債活用のフロントランナーだ。「2024年3月期決算投資家向け説明会資料」（財務編）によれば、同時点での個人向け社債の累計発行額は7.9兆円に上る（図表8-3参照）。また、同社社債の既存保有者数は、2022年1月時点で約51万人にも上るそうで、それ以降も個人向け社債の発行を実施しているので、保有投資家が更に増えていることは確実だ。

　しかも、シニア債のみならず、ブレット劣後債、そしてハイブリッド証券の個人向け債発行をソフトバンクGは行っており、個人投資家に対し、様々なリスク・リターンの投資機会を提供している（図表8-4参照）。

図表8-4 ソフトバンクグループは幅広いミドルリスク・ミドルリターン商品を個人投資家に提供している

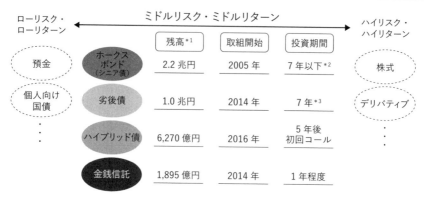

*1 2024年3月末時点
*2 残存するホークスボンドの年限は6年債又は7年債
*3 残存する劣後債の年限は7年債
(出所) ソフトバンクグループ「2024年3月期 投資家向け説明会資料」より抜粋

　個人投資家から投資商品として受け入れられていることは、既存社債のリファイナンスにあたり、ほぼ毎回、増額発行が実現していることからもうかがえる（前掲図表8-3参照）。特筆される例を挙げれば、ソフトバンクGは、2014年度に先駆者的に発行したブレット劣後債を2021年に増額発行して、リファイナンスを実現している（2014年度は計8500億円[100]、2021年度は計1兆500億円[101]）。劣後債の発行は、負債調達の多様化、今後のシニア債の調達条件の良化など、負債調達構造の改善、財務の柔軟性向上に寄与する。同時に、個人投資家へのミドルリスク・ミドルリターン商品の提供にも大きく寄与している。2000兆円にも上る家計（個人）金融資産を、市場を通して企業金融に活用すべく、ソフトバンクGに続くブレット劣後債の発行体が出てくることを期待したい（第5章の「シンプルな劣後債の発行も要検討」も参照）。
　シンプルな劣後債（格付け会社の資本性を具備したハイブリッド証券ではなく単純な劣後債）の発行は、まだ先駆者のソフトバンクGから広がりを見せて

---

100 ブレット劣後7年債：1回債4000億円、2回債4500億円　いずれも個人向け。
101 ブレット劣後7年債：3回債4500億円（個人向け）、4回債500億円（機関投資家向け）、5回債5500億円（個人向け）。

図表 8−5　発行体別、業態別リテール社債[*1]の残高（2024年3月末時点）

No.	発行体名	残高（億円）
1	ソフトバンクグループ（SBG）	38,710
2	三菱UFJフィナンシャル・グループ	13,670
3	みずほフィナンシャルグループ	9,070
4	三井住友フィナンシャルグループ	5,170
5	楽天グループ	4,000
6	ソフトバンク	2,600
7	SBIホールディングス	2,000
8	三菱HCキャピタル	1,900
9	イオンモール	1,900
10	三井住友トラスト・ホールディングス	1,610

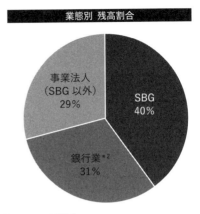

*1　各種ベンダー、開示資料より作成。ソフトバンクグループの残高はバイバック考慮後
*2　銀行業は、三菱UFJフィナンシャル・グループ、みずほフィナンシャルグループ、三井住友フィナンシャルグループ、三井住友トラスト・ホールディングス、山口フィナンシャルグループ、コンコルディア・フィナンシャルグループ
（出所）ソフトバンクグループ「2024年3月期　投資家向け説明会資料」より抜粋

はいない。しかし、銀行、保険、一般事業会社によるクレジット市場でのメザニン調達（格付け会社の資本性を具備したハイブリッド証券の発行）は、既にごく一般的になって久しい。社債といえばシニア債、という時代ではなくなっている。

メガFGによる個人向けTier2債の発行はリテール市場開拓の好例

　三菱UFJフィナンシャル・グループなどメガFGが規制資本調達（自己資本比率規制上のTier2資本の調達）のために発行するTier2債（B3T2）も、社債のリテール市場開拓に一役買っている（Tier2債の商品性については、第5章参照）。ソフトバンクGに次いでリテール社債市場の活用が多いのは3メガFGだからだ（図表8−5参照）。

　メガFGは主にTier2債（劣後債）をリテール向けに発行している。メガFGによるTier2債が国内リテール顧客をターゲットに主に発行されるようになった背景には、国内機関投資家、特に地域金融機関に同債の需要が多くは見込めないこと、逆に国内リテール顧客に同債券への分厚い需要が確認されたことが

図表 8-6　メガ FG によるリテール向け社債の活用

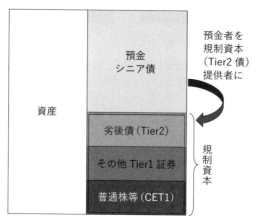

(出所)　大和総研作成

あると考える。

　主要国内機関投資家の一つである地域金融機関（国内基準行）にとっては、残念ながらメガ FG などが発行する Tier2 債は魅力が低い。なぜなら、保有に際しリスクウェイトが嵩む割に（標準的手法で 250％[102]）、得られる利回りが低いからだ。一方、国内リテール顧客にとって Tier2 債は、低リスク[103]で相応のリターンのある金融商品として需要が高い（10NC5[104] などリテール投資家にとって投資しやすい商品性も相俟って）。

　更に言えば、発行体である大手 FG にとっては、営業戦略上も、顧客の預金を債券投資へ促す際のエントリー商品として販促しやすい面もあるようだ。大手行は預金超過状況で、預金の金融商品へのシフトを促しているが、Tier2 債は、自行の預金者を自行の規制資本提供者に変換できる（銀行外への資金流出を防ぐことができる）ので好都合だからだ（図表 8-6 参照）。

　上述したように、預金金利が上がったといってもまだ低いこと、また、銀行の預金超過の状況を鑑みれば、これからも Tier2 債は国内リテール顧客をター

102　B3T2 債 1 億円保有が、自己資本比率規制上のリスクアセットとしては 2 億 5000 万円にカウントされる。
103　第 5 章の「日本の Tier2 債／TLAC 債（日本の常識は世界の非常識）」参照。
104　償還期限は 10 年だが、発行後 5 年以降は発行体による早期償還が可能。

ゲットに発行が続くことになりそうだ。

リスク許容度の高いリテール投資家の参入は流通市場活性化のカタリスト

　見てきたように、まだ一部の発行体しかリテール社債市場を十分に利活用していない。しかし、ソフトバンクGの後藤CFOが指摘したように、どんな発行体でも個人投資家のニーズに合う社債の商品設計はできるはずだ。本書を見て、リテール向け社債の発行を検討し実行に移す日本企業が増えることを期待したい。

　多くの企業がリテール向け社債を発行し、社債市場に個人のようなリスク許容度の高いリテール投資家が参入することは、社債の流通市場活性化のカタリストにもなり得ると期待される。現状、社債市場の投資家層は機関投資家が中心で、残念ながらリスク許容度はそう高くないし、投資行動も同一方向（売りに対し、買い向かう投資家が少ない）になりがちだ。だからこそ、日本の社債市場は"シングルA格以上市場"に成り下がっているともいえる。一方、リテール投資家はといえば、預金選好が強いことからすれば保守的ともいえるが、ひとたび「投資」を行えば、投資に求める期待リターンは高く、また、機関投資家のように管理上のリスク許容度に一定の縛りがある訳ではないのでリスク許容度は高い。

　機関投資家ばかりの社債市場では、シングルA格から陥落する際、又はIG（BBB格）から陥落する際などに市場評価のクリフ（崖）が生じやすい。リスク許容度の高いリテール投資家が増加すれば、こうした現象の緩和にも役立つだろう（機関投資家の売りに対し、買い向かうことも可能となる。なお、第9章では、社債の流動性について別途論じる）。勿論、個人投資家の社債売買を活性化するためには、現状のような1億円券面のFA債（機関投資家向け社債）ばかりでは実現しない（もっとも、投資信託のような金融商品で対応することは可能）。やはり、第2章で論じたような社債の商品性改善も同時に進めていくことが必要となろう。

第9章

日本の社債市場の あるべき姿に向けて

なんとか現状を打破したい

　本書を書く大きなモチベーションになったのは、大和証券で20年以上にわたりクレジットアナリスト業務を行ってきた間、期待し、望んでいたにもかかわらず、日本の社債市場が一向に拡大、活性化されていないことだ。第2章の冒頭で紹介した森田日証協会長の発言、「長年にわたり、市場規模の拡大が進まず、新たなプレーヤーの参入も進展しないという状況にある。」（2023年10月18日の定例記者会見）にあるように、社債市場の活性化は、古くて新しい問題だ。なんとかこの状況を打破したい。

　第1章の冒頭で記したように、多くの日本企業が市場で社債を発行して資金調達を行う、換言すれば、投資家に「様々なリスク・リターンを提供する」、そして、発行された社債が活発に売買される「売買が活発な厚みのある市場」こそ、日本の社債市場が向かうべき方向だ。しかし、現実の社債市場は、残念ながら、それとは逆の方向に向かっている。このベクトルの向きを何とか反転させたい。

　社債市場の拡大、活性化のチャンスは、今までも決してなかった訳ではない。

　2000年代の半ば、グローバル金融危機発生の前が一つのチャンスであった。数多くのBBB格の新顔銘柄が社債市場に参入し、社債市場は活況を呈した。しかし、第1章で紹介したように、その際に社債市場に新規参入してきた新興系不動産銘柄の多くが、グローバル金融危機後の景気低迷下でデフォルトし、却って社債投資家に、信用リスクテイク恐怖症のトラウマを植え付ける結果となってしまった。

　もう一つのチャンスは、2013年以降の黒田前日銀総裁による異次元緩和下の時代だ。日銀がその成果と誇った超長期社債の発行は増えたし、メザニンファイナンスとして事業会社によるハイブリッド証券の発行も増えた。しかし、超長期社債の発行増は既存社債発行銘柄の年限長期化に過ぎなかったし、そのブームは金融政策が正常化に向け動き出した今、もう終わりを迎えている。また、社債市場活性化の起爆剤として大きな潮流になると期待したメザニン化、事業会社のハイブリッド証券の活況も、残念ながらいったん退潮してしまっている（第5章参照）。そしてなにより、期待したBBB格社債やHY債の発行増とい

った信用拡大化までは、上述したグローバル金融危機後のトラウマのおかげで実現はしなかった（第6章参照）。

社債市場の拡大・活性化は、決して無理なことではない

しかし、本書を通して提示してきたように、社債市場の拡大・活性化は、決して無理なことではないと思う。ESG化（第4章）、メザニン化（第5章）、信用拡大化（第6章）、デジタル化（第7章）、そしてリテール化（第8章）の5つの方向性を原動力として、古くて新しい課題を克服していければ、日本の社債市場の拡大・活性化は可能なはずだ。

第4章から第8章で論じたように、社債市場拡大に向けた「力学」はない訳ではないし、幸い働いている。また、5つの方向性それぞれにおいて、社債市場の活性化を進めるための見習うべき先行事例なども存在する。

あとは、本書を読んだ投資家や発行体が、社債の投資、社債の発行に向け「具体的」に動き出せば、そして、証券会社や格付け会社など社債市場のインフラを担う主体や、金融庁、日証協など規制当局がその動きの「支援・協力」を怠らなければ、社債市場の拡大・活性化への厚い殻を今度こそ突き破ることは可能となろう。投資家／発行会社／市場仲介者／金融庁など当局が「四位一体」となって、同じ方向にベクトルを合わせれば（「三本の矢」ならぬ「四本の矢」）、社債市場の拡大・活性化は、決して無理なことではないと思う。

社債市場のパラダイムシフトを期待〜真の社債時代へ

日本の社債市場のパラダイムシフトを期待している。日本生命基礎研究所の徳島勝幸氏は、『現代社債投資の実務』（財経詳報社、2008年）の中で、1996年の適債基準[105]撤廃と財務上の特約自由化[106]前の社債市場を「社債旧時代」と呼び、それ以降を「社債新時代」と名付けた（図表9-1参照）。「社債新時代」に

---

[105] 一定基準以上の財務数値、格付け要件の充足を公募社債発行の基準として課していたもの。
[106] それ以前は、無担保社債の発行には数種類の財務制限条項（担保提供制限や担付切替条項の他に、純資産・利益維持や配当制限条項など）を付さなければならなかった。

図表 9－1　国内社債市場のパラダイムシフト

(注) 社債旧時代、社債新時代は、『現代社債投資の実務』より引用
(出所) 財経詳報社『現代社債投資の実務』(徳島勝幸著、2000年) より大和総研作成

入って四半世紀あまりが経過したが、本書で論じてきたように、残念ながら日本の社債市場は、さして大きな変化を遂げてはいない。

　しかし、いよいよ日本の社債市場も次のパラダイムシフトを起こす時ではないかと感じている。デフレ経済からインフレ経済へ、それに伴う金利のない世界から金利のある世界への転換（金融環境の変化）、そして、日本経済再興に向けた日本企業の更なる成長と新陳代謝の必要性、更には「貯蓄から投資へ」実現の必要性、等々を鑑みれば、企業金融と資産運用の多様化、その実現に向けた社債の有効活用が今ほど必要なタイミングはないのではなかろうか。このタイミングを逃してはならない。

　本書で論じてきた市場拡大・活性化への方向性を原動力に、社債の商品性改善が進展すれば、「真の社債時代」が来るはずだ。長年の懸案であるHY債市場の発達やメザニン社債市場の拡大、そして、社債発行企業の裾野拡大（上場企業の社債市場参入を通じたBBB格社債の発行増）といった日本の社債市場の量的・質的拡大が実現することを筆者は大いに期待している。

　ここで本書を閉じてもよいのだが、本論で触れてこなかった幾つかの論点を以下に紹介しておきたい。

社債銘柄選択のパラダイムシフトも必要かもしれない

　社債発行企業、といって思い浮かべる銘柄は、重厚長大・旧財閥系企業が多いのではないだろうか。そしてもし、そうした重厚長大・旧財閥系企業への社債投資が安心だ、といった考えをお持ちなら、それはもう古い考え方かもしれない。こうした考え方から脱却し、社債投資に際して選ぶ銘柄の考え方を変え

ること、つまり、銘柄選択のパラダイムシフトも必要かもしれない。

　過去に、信用不安を起こした社債発行企業をやや恣意的に列挙すれば、三井E&S、トクヤマ、東芝、神戸製鋼、タカタ、シャープ等々、大概は業歴の長い製造業であり、旧財閥系の企業も含まれる。よって、「社債は重厚長大・旧財閥系企業が安心だ」という考え方が既に通用しないことは明らかだ。

　そもそも、社会自体は、AIやIoT、ロボット、ビッグデータなどの革新的技術をあらゆる産業に取り入れる「Society 5.0」に向かおうとしている。そんな中にあって、「Society 4.0」の情報社会銘柄ならいざ知らず、そのもう一つ前の「Society 3.0」、つまり工業社会銘柄と言っても過言ではない重厚長大・旧財閥系企業が社債投資では安心だ、などと言っている場合ではないだろう[107]。

　AI革命に特化した投資会社となったソフトバンクグループ（ソフトバンクG）のようなニューエコノミー企業の方が、成熟産業企業よりも今後のクレジットストーリーも描きやすい。とても対照的で分かりやすいので、筆者はクレジットアナリスト時代に投資家によくこう問いかけた。「ソフトバンクGと重厚長大企業、どちらの社債保有の方が、より安心感があると思いますか？」と。筆者は、ソフトバンクG社債の保有の方が、重厚長大企業の社債の保有より安心感が高いと考えていると答えていた。

　ソフトバンクGの孫正義社長は言う。「保有資産の換金性が高く、その保有資産の一部を売却すれば負債を完済できるソフトバンクGの信用に、どうして不安を感じるのか」と。一方、工場設備や在庫など、重厚長大企業の資産は、一度陳腐化すれば、換金性はおろか、下手をすると二束三文になってしまうことも考えられる。

　言うまでもなく、産業構造の変化は加速している。社債の銘柄選択の考え方も、従来のマインドからスピードを上げて変えることも必要だと思うがいかがだろう。

---

[107] 因みに、農耕社会がSociety 2.0、狩猟社会がSociety 1.0。

日本企業の新陳代謝を促進するためにも社債市場の発展を

　もうかなり前になるが、2018 年 11 月 18 日付け日経新聞朝刊 1 面の記事「小粒になった日本企業」を読んだ際、社債市場の改革はやはり急務だと感じた。同記事では、小粒化する日本企業の背景として、ネットビジネスでの出遅れ、日本経済の低迷、規制緩和の鈍さ、経営者マインドの保守性、グローバル人材の不足などが紹介されていた。その上で、特に深刻だと専門家が指摘するのが、企業の新陳代謝が鈍いことだという。

　同見解をもっともだと思う一方で、その原因の一つには、日本における間接金融優位の大企業のコーポレートファイナンス（企業金融）があると感じる次第だ。筆者はつねづね、銀行は、ゆりかごから墓場まで、とことん貸出先企業に付き合い過ぎると感じている（第 2 章参照）。この構造が、日本企業の新陳代謝を遅らせている一要素だと考察している。

　例えが良いかどうかは議論があろうが、もし東芝の負債調達がマーケットを通した社債中心であったなら、恐らく東芝はとっくの昔に倒産の憂き目にあっていた可能性もある。なぜなら、格付けの投資適格級からの陥落、しかも D 格付け間際まで下落した東芝社債に再投資できる国内投資家など皆無であり、資金繰りに窮した東芝は市場により淘汰されていた可能性もあるからだ。株主や債権者は損失を被ることになったであろうが、倒産法制の下、財務リストラを素早く実施できれば、上記日経記事にあるように、企業から資本や人材を解き放つことができるからだ（なお、東芝は 2024 年 5 月に発表した「東芝再興計画」で最大 4000 人の人員削減計画を発表しているが、より早く人材を解き放てていたかもしれない）。会社更生法を適用して倒産した日本航空が、その後どう復活したかを思い起こしてもらいたい。

　ところが、東芝の大口債権者が銀行であったがために、銀行ローンに担保設定を行うなど保全措置をとり[108]、かつ、一定のルールに基づく引当措置（決してマーク・トゥー・マーケットではなく）を行うことで、事業リストラを進める時間的余裕が生まれ、何とか倒産を免れて新生東芝として再出発することが

108　第 2 章で紹介したように、個人向け社債も同様に担保設定がなされた。

可能となった。東芝の既存株主や債権者は、東芝が生き延びたことで大きな損失を免れた訳だが（注：損出しを強いられた既存国内株主・投資家がいた一方で、このプロセスを見透かした海外投資家は大きなリターンを得た）、新生東芝が力強く生き返るか否かは分からない。実際、新生東芝の経営は決して順調とはいえず、非上場化後の東芝は、今また苦境に陥っている。

　少なくとも株式を上場し、しっかりと情報開示が行われている大企業に、情報生産機能を銀行に任せる間接金融はもう不要だと筆者は思う（第6章参照）。大企業金融が市場を通じた直接金融主体になれば、企業の新陳代謝は進むことになること請け合いだ。但し、投資適格級（IG）社債、もとい、シングルA格以上の社債しか受け入れない今の社債市場のままでは、新陳代謝が進み過ぎる（格付けがBBB格やBB格に落ちると資金繰りに窮し、市場から退出を迫られてしまう）。そこでやはり、既存投資家のリスク許容度拡大や、よりリスクの取れる新規投資家の市場参加を通して、BBB格社債の増加やHY債市場の発展など社債市場の改革が必要になる。願わくば、銀行ローンも含めた大企業金融の一体改革が望ましいというのが、筆者の偽らざる見解だ。

社債市場の流動性について

　社債市場の流動性の改善は、日本のみならずグローバルな課題である。日本の社債市場は欧米に比しちっぽけなのでなおさらだ。よって、日本の社債の流動性を論ずることは時期尚早だと思い、本論では敢えて取り上げなかった。日本の社債市場での流動性改善を論ずるには、まずは市場規模の拡大が必要条件だと考えている。

　証券監督者国際機構（IOSCO）は、2022年4月に、「COVID-19による市場ストレス下における社債市場の流動性要因」というディスカッションペーパー（以下、報告書）を公表[109]。同年11月16日には、同報告書に対する市場関係者からのフィードバックを纏めたステートメントがIOSCOから発表された[110]。そ

---

109 "Corporate Bond Markets — Drivers of Liquidity During COVID-19 Induced Market Stresses" IOSCO, 06 April 2022.
110 "Corporate Bond Markets — Drivers of Liquidity During COVID-19 Induced Market Stresses Feedback Statement to the Discussion Paper of April 2022" IOSCO, 16 November 2022.

図表9－2　COVID-19による市場ストレス下における社債市場の流動性要因と日本の状況に関する筆者見解

項目	上段はレポートの調査・分析結果、下段は日本の社債市場に関する筆者見解
1	社債市場の規模は、この10年間でどの地域でも拡大している。背景にはその間の良好な経済状況、緩和的な金融政策、銀行の資産圧縮、株に比しての税優遇、中央銀行の資産買入施策などがある。
	欧米は社債市場の規模のみならずHY市場も拡大しているが、日本の場合はHY市場は拡大せず。
2	社債市場は株式市場など他の市場に比しそもそも流動性が劣る。また、頻繁に売買される銘柄数も少ない。
	日本の社債市場は欧米に比し更に小規模で、まさにこの指摘の通り。
3	発行市場が市場の流動性にとって重要な位置を占める。活発な発行市場は、良好な市場流動性があることを示している。一方、安定した流通市場環境でないと活発な起債は生じない。
	2022年度の国内社債市場は、流通市場が安定でなかったために、発行市場に一時悪影響を与えた。
4	COVID-19下で、多くの社債市場の流動性が低下した。国際金融危機時と異なり混乱は金融市場外に起因するものだったので、資産買入など中央銀行による介入で市場は比較的早期に信頼・安定を取り戻した。
	日本も然りで、日銀社債買入れの年限延長・額増加が市場の信頼・安定を取り戻すのに役立った。一方で、長期間の介入が過度な利回り低下という副作用を生んだことも指摘できる。
5	供給サイド（ディーラー）、需要サイド（投資家）どちらの要因が勝って流動性の枯渇が生じたのかを判断するのは難しい。投資家の安全資産への逃避や現金化ニーズが流動性需要を大きくした一方、規制強化でバランスシートの柔軟性を欠いたディーラーが十分に流動性を供給できなったこともまた事実である。
	規制強化でディーラーの流動性供給能力がかつてに比し低下していることはグローバルに共通する事象である。
6	流動性に与える需要サイドの要因としての長期投資家の影響も（本来であれば、混乱期の流動性への影響は小さいはず）、各国によりこうした投資家の投資行動に違いがあるため、また、分析可能なデータ不足のために不明確だ。
	短期的な時価評価に晒されない長期投資家（リテール投資家を含む）を育成することは日本の社債市場にとっては急務だろう。
7	オープンエンド型投信は、混乱期に生じた投資家の換金ニーズの増大（安全資産への逃避やキャッシュニーズ）による売り圧力となり、流動性に悪影響を与えた。
	日本の場合、オープンエンド型投信が流動性に悪影響を与えたとの印象はない。
8	ディストレストファンドの存在は、本来は彼らの投資対象ではないはずなのに、超長期のIG債やその他の社債の買い主体となることで流動性にはプラスに作用した。中央銀行の市場介入決定後や、起債市場の再開時に、こうした投資家の買いは加速した。
	日本にディストレストファンドは存在せず、価格が大幅に低下した社債の投資家は海外のディストレストファンド等に限られている。
9	流動性に与える供給サイドの要因としては、ディーラーは国際金融危機時のように、社債の売り圧力に輪をかけるまでには至らなかったが、増大する流動性ニーズにマーケット・メーカーとして十分に応えることはできなかった。
	上記したように、規制強化がディーラーの流動性供給能力に影響を与えていることはグローバルに共通する事象だと考える。
10	社債市場の構造要因（売買が機関投資家に偏在し個人の参加が少ないこと、そもそも持ち切り主体が多く流通市場での売買が活発でないこと、売買の標準化が進んでいないこと、数少ないディーラーによる店頭市場であること等々）もCOVID-19による市場ストレス下で流動性を低下させる要因となった。
	構造要因の指摘は日本の社債市場に全て当てはまることなので、現状の社債市場の流動性を考える上では頭に入れておくべきであると同時に、解決への行動を取る必要性を強く感じさせる。

（出所）証券監督者国際機構（IOSCO）「COVID-19による市場ストレス下における社債市場の流動性要因」（2022年4月）より大和総研作成

こに寄せられた意見は大方、IOSCOの報告書の内容に同意するもので、社債市場の流動性改善に向けた取り組みを続けることを支持する内容だった。但し、社債は株式のように頻繁に売買される金融商品ではないので、これで解決するといった決定的、且つ唯一の手段はないだろうともされた。

よって、グローバルにも、短期間に社債の流動性が解決すると望むことはできない。しかし、"all-to-all" トレーディング（ディーラーを通すのではなく市場参加者全ての間での売買を可能とする仕組み）の発展や、売買の透明性向上、そのためのデータの整備などの解決方法には大方の理解が得られているようだ。IOSCOでは、社債の流動性改善への取り組みを2023～24年の実施計画に入れ、検討を続けるとのことなので、更なる進展を期待したい。

さて、2022年4月にIOSCOが纏めた報告書では、コロナ禍初期に流動性が低下した社債市場の実態や構造を調査・分析している。社債の流動性を考える上で参考になるので、その内容を紹介しておきたい。社債市場は、実体経済へのファイナンスを司ることから国際金融市場において重要な役割を示すことは言うまでもない。よってIOSCOは、公正、効率的で、透明性のある社債市場を維持したいと考えている。ところが、国内社債市場でも生じたように、COVID-19による市場ストレス下で、社債市場の流動性はグローバルに一時期低下した。報告書の内容は、社債市場に携わる筆者にとっても納得のいくものばかりである一方で、なかなか解決が難しいと頭を抱えてしまう内容でもある。図表9-2で、報告書で纏められた10項目の調査・分析結果を示し、そこに、日本の社債市場の現状を踏まえた筆者の見解を加えて紹介する。

社債レポ市場の整備に向けて

日本の社債市場の流動性向上に向けた施策として、社債レポ（社債の貸借取引）市場の整備に向けた検討も日証協では行われている。日証協が2021年7月に実施した市場関係者アンケート[111]によれば、社債の借入（空売りニーズや顧客注文への対応）、貸出（運用パフォーマンスの向上や資金調達）のいずれか、

---

111 証券会社13社と、アセットマネジメントや信託銀行など社債の主要投資家17社へのアンケート。

図表 9-3　社債レポ市場の整備に向けたマイルストーン*1（2023年4月24日改訂版）

			フェイズ1に向けて	フェイズ1【黎明期】	フェイズ2【拡大期】	フェイズ3【成熟期】
想定される取引	取引参加者	貸し手		機関投資家（信託、アセマネ、生損保、銀行等）（国内のみを想定）、証券会社	機関投資家（信託、アセマネ、生損保、銀行等）（国内のみを想定）、証券会社	機関投資家（信託、アセマネ、生損保、銀行等）（海外を含む）、証券会社
		借り手		証券会社	証券会社、ヘッジファンド	証券会社、ヘッジファンド
	取引目的			SC取引*2	SC取引、GC取引	SC取引、GC取引
	担保の種類			現金担保（非証券担保）	現金担保（非証券担保）	現金、証券担保
課題	フェイル回避やフェイルへの対応		①フェイルチャージの導入 【主体】インフラWG等 「一般債の振替決済に関するガイドライン」及び当該指針等の見直しについて検討 【対応完了】			
	ネッティング決済		②ロール時のネッティング決済の導入の検討 【主体】取引参加者、日証協、レポWG ・ロール時の効率的な手続き方法（システム改修以外）の検討 ・レポ市場の規模が一定程度大きくなると見込める段階で、ロール時の現物のネッティング決済の導入について協議・検討			
	担保（取引対象債券）の管理		①契約書等の整備 【主体】インフラWG等 （債券貸借取引（現担レポ）及び新規先取引を対象に必要な規定を契約に追加） 【対応完了】	③担保適格性に係る枠組みの構築 ・SCレポの利用が一定程度確認された段階で、市場関係者に対しニーズを確認（*3） ・ニーズが確認された場合、本WGを含め幅広い関係者において、海外事例等を参考に担保適格について検討	④担保管理サービスの導入 ・GCレポの利用が一定程度確認された段階で、市場関係者に対しニーズを確認（*3） ・ニーズが確認された場合、本WGを含め幅広い関係者において、本サービスの主体、具体的機能等について検討	
	その他（市場参加者間における認識の共有）				⑤レンディング（証券貸借）機能の導入 ・社債市場の規模が大きくなった段階で、レンディング機能を用いたサービスへのニーズに関する程度に関して調査（*3） ・ニーズが確認された場合、本WGを含め幅広い関係者において、本サービスの主体、具体的機能等について検討	⑥清算機関の導入 ・社債市場の規模が大きくなった段階で、清算機関を用いたネッティングに関して調査（*3） ・ニーズが確認された場合、本WGを含め幅広い関係者において、社債を清算集中制度の対象に含めるべきか等も含め幅広に検討

*1　2023年4月時点における課題対応工程のイメージであり、今後の検討次第では、変更となる可能性がある。
*2　フェイズ1においては、発行規模が大きく、十分な残存期間が存在する流動性の高い銘柄。
*3　日証協においては、定期的に社債レポ取引についてモニタリング。一定程度の増加が確認された段階で、市場参加者への各サービスに対するニーズに関してアンケート調査を実施することを想定。

（注）WG＝ワーキング・グループ
（出所）日本証券業協会資料より抜粋

もしくはいずれにもニーズがあるとの回答が4割を占めたそうだ。こうした社債レポ市場整備へのニーズを受け、日証協により社債レポ市場の整備に向けた課題対応工程（マイルストーン）が作られている（図表9-3参照）。但し、まだフェイズ1（黎明期）に向けた準備の段階であり、実現への道のりは始まったばかりだ。なお、アンケートでは、ニーズに合った貸出先、借入先を探す難しさや、システム・事務処理体制整備の費用対効果、標準的フェイル仕様の確立など、様々な課題が指摘されている。

● コラム ●

流動性VS原資産リスクの理解

　原資産リスクの理解とモニタリングがしっかりなされている前提下では、流動性のより高い資産を選好するのは当たり前だし、理に適っている。しかし、仮に原資産リスクの理解とモニタリングが十分にできていないのに、流動性のみに着目して投資資産を選好しているとすれば、筆者はそれに異を唱えたい。

　クレジットアナリスト時代、筆者が国内社債市場の活用を投資家に促すと、たいてい「国内社債市場は流動性が劣りますよね、それならば、流動性のより高い海外社債市場や同証券化市場を活用した方がよくありませんか？」と返された。事程左様に、有価証券を運用する投資家には、流動性を重視する文化が根付いている。勿論、悪いことではない。上述したように、原資産リスクの理解・モニタリングがしっかりできている前提下では、全くもって異論はない。しかしながら、原資産リスクの理解・モニタリングよりも、流動性を重視する考え方には異を唱えたい。

　確かに市場の厚みがある海外社債市場や証券化市場の「平時」の流動性は、ちっぽけな国内社債市場に比べれば高い。しかし、ひとたび「有事」となれば、状況は一夜にして変わり得る。各国中央銀行やIMFなど国際機関の金融安定性報告書（日銀の金融システムレポートにあたるもの）を紐解けば、金融緩和の長期化の間にリスク選好度が高まった欧米社債市場や証券化市場で、ファイアー・セール（いわゆる投げ売り）が生じるリスクを一様に指摘している。投資適格級ギリギリのBBB格社債の増加や（投機的等級への格下げがトリガーになり得る）、ファンドなどALMリスクを内包しているノンバンク投資主体が増えている（顧客資産の流出がトリガーになり得る）のがその背景だ。

　不思議なもので、流動性の高い資産に投資している投資家は、「平時」の高い流動性を見て安心しており、不測の事態が発生しても即座に対処できると「錯覚」している。しかし10年以上前のグローバル金融危機時の事態

を思い出すまでもなく、原資産リスクの理解・モニタリングができていない投資家が、流動性の高いはずの市場から大火傷をせずに素早く逃げ出せたという話は聞いたことがない。

　よって筆者は、流動性を多少犠牲にしても、原資産リスクの理解・モニタリングがしっかりできる資産を選好することを薦めたい。日本の投資家にとっては、国内社債市場がまさにそれにあたるはずだ。原資産のリスクの理解とモニタリングがしっかりとできていれば、仮に何らかのきっかけで市場が崩れても、冷静に対処ができ得るだろうし、場合によっては投資チャンスを見出せる。原資産リスクの理解・モニタリングは、流動性に勝ると思うがいかがだろう。

●コラム●

東京プロボンド市場

　最後に、ユーロMTN（Medium Term Note）プログラム[112]・タイプの機動的な社債発行市場を日本国内に創設しようというコンセプトで2011年5月に創設された「TOKYO PRO-BOND Market」（東京プロボンド市場）を簡単に紹介しておく。ニッチな市場で、まだまだ地味な存在ではあるものの、これから発展する可能性を秘めているし、社債市場の活性化に一役買う可能性もある。

　海外発行体、そして日本取引所グループや未上場のヤンマーホールディングス、ニッセイ・ウェルス生命保険[113]などにより同市場から発行される円債は、公募社債市場で発行される国内事業債とは異なるリスク・リターンプロファイルを持つ円建てクレジットの投資機会を国内投資家に提供している。また、国内発行体（社債というよりは、今のところ地方債など公

---

[112] 債券の発行条件の大枠、起債関係者との関係等を包括的に定めた目論見書に基づき、実際の発行は簡単な書類（発行債券の具体的発行条件を記載したもの）を作成することで債券発行が可能となる枠組み。
[113] 旧マスミューチュアル生命保険株式会社。

図表9-4　東京プロボンド市場と公募債市場の比較

	TOKYO PRO-BOND 市場	公募市場
投資家	特定投資家／非居住者	制限なし
情報開示制度	TOKYO PRO-BOND Market が整備	金融庁が整備
開示書類	特定証券情報 プログラム情報 発行者情報	有価証券届出書 発行登録・同追補書類 有価証券報告書
開示言語	日本語／英語	日本語
開示書類閲覧	TOKYO PRO-BOND Market ／発行者のウェブサイト	EDINET
売買	OTC（取引所取引は課税玉前提）	OTC
精算・決済	制約なし	証券保管振替機構
売買参考統計値	対象	対象

(出所）東京プロボンド市場資料より大和総研作成

　共債が主体だが）により同市場から発行される外貨建て債（米ドル債のみならず、みずほ銀行が中国元建て、タイバーツ建てとエマージング通貨債の発行に東京プロボンド市場を活用）は、内外投資家に各種通貨での国内銘柄の投資機会を提供している。

　東京証券取引所が運営する東京プロボンド市場は、2008年改正金融商品取引法でその創設が可能となった、参加者をプロ（特定投資家[114]）に限った制度を活用した市場である。投資家をプロに限定することで当局への法定開示義務から解放され、開示書類の大幅な簡素化（発行時の開示書類の簡素化や英文での情報開示）が可能となる（図表9-4参照）。銘柄・プログラムの上場要件は、信用格付けを取得していることと、主幹事証券会社が「主幹事証券会社リスト」[115]に登録されていることのみである[116]。東京プロボンド市場は、発行体にとって利便性の高い制度設計とすることを通じ、ユーロMTNプログラム・タイプの機動的な社債発行市場を日本国内に創設しようという試みだ。よって、東京プロボンド市場は明らかに発行体目線で創設された市場といえ、プロ／アマの区分なき開示／コンプラ制度

---
114 常に特定投資家として扱われるいわゆる「適格機関投資家」よりも広い概念で、プロ移行したアマ投資家も含む概念。
115 東京プロボンド市場には大和証券も含め主要証券会社は殆ど名を連ねている。
116 上場手数料は銘柄・プログラム上場ともに100万円。

からくる公募市場での起債の硬直性の問題点を克服すべく考えられたものといえる。日本語開示義務から解放される海外の発行体、また、発行体及び投資家双方が国内であるにもかかわらず、ロンドンやルクセンブルクのMTNプログラムを活用している国内発行体などにも、その活用の余地はあると考えられている。

参 考 文 献 （順不同）

- 格付投資情報センター「事業法人等の信用格付の基本的な考え方」2021年6月24日
- Kenji Suganuma, Yoichi Ueno "The Effects of the Bank of Japan's Corporate and Government Bond Purchases on Credit Spreads" IMES Discussion Paper Series 2018—E-4, 04 June 2018
- 落香織・長田充弘「わが国における社債発行スプレッドの動向」日銀レビュー、2023年9月27日
- 日本銀行「企業金融に係る金融商品の買入れについて」2009年1月22日
- 日本証券業協会「社債市場の活性化に向けて」2010年6月22日
- 日本証券業協会「社債市場の活性化に向けた取組み」2012年7月30日
- 金融庁金融審議会「市場制度ワーキング・グループ（中間整理）」2022年6月22日
- 内閣府令「企業内容等の開示に関する内閣府令の一部改正」2023年12月22日公布
- 「会社法の一部を改正する法律」2019年12月11日公布、2021年3月1日施行
- 日本証券業協会「社債管理補助者制度に係る実務上の対応について」2021年6月16日
- ムーディーズ・ジャパン株式会社「格付付与方針等」2022年12月6日
- 金融庁「サステナブルファイナンス有識者会議報告書　持続可能な社会を支える金融システムの構築」2021年6月18日
- 閣議決定「GX実現に向けた基本方針」2023年2月
- 閣議決定「脱炭素成長型経済構造移行推進戦略」2023年7月
- 「脱炭素成長型経済構造への円滑な移行の推進に関する法律」2023年5月19日公布、2024年2月16日施行
- 「脱炭素社会の実現に向けた電気供給体制の確立を図るための電気事業法等の一部を改正する法律」2023年6月7日公布
- 閣議決定「脱炭素成長型経済構造移行推進戦略」2023年7月
- 金融庁・経済産業省・環境省「クライメート・トランジション・ファイナンスに関する基本指針」2021年5月
- 金融庁・経済産業省・環境省「トランジション・ファイナンスにかかるフォローアップガイダンス」2023年6月
- 内閣官房・金融庁・財務省・経済産業省・環境省「クライメート・トランジション・ボンド・フレームワーク」2023年11月
- 官民でトランジション・ファイナンスを推進するためのファイナンスド・エミッションに関するサブワーキング「ファイナンスド・エミッションの課題解決に向けた考え方について」2023年10月
- 日本銀行金融市場局「気候変動関連の市場機能サーベイ（第2回）調査結果」2023年6月
- 日本銀行「気候変動に関する日本銀行の取り組み方針について」2021年7月16日
- 日本証券業協会・投資信託協会・全国証券取引所協議会「令和6年度税制改正に関する要望」2023年9月
- 植田和男「ESG礼賛論は根拠薄弱」日経ヴェリタス、2021年1月10日
- 植田和男「中銀の使命と気候変動（上）」日本経済新聞（経済教室）、2021年12月22日

参考文献

- 大和総研金融調査部制度調査課　吉井一洋編著、金本悠希・小林章子・藤野大輝著『詳説　バーゼル規制の実務』金融財政事情研究会、2019年7月
- 「預金保険法」昭和46年法律第34号
- 金融庁「バーゼル規制の概要」2024年4月
- "2023 Bank Failures: Preliminary lessons learnt for resolution" FSB, 10 October 2023
- 金融庁「金融システムの安定に資する総損失吸収力（TLAC）に係る枠組み整備の方針について」2018年4月13日改訂（第2版）
- 金融庁「経済価値ベースのソルベンシー規制等に関する基本的な内容の暫定決定について」2022年6月
- 東京証券取引所上場部「資本コストや株価を意識した経営の実現に向けた対応について」2023年3月31日
- 格付投資情報センター「日本企業のデフォルト率・格付推移行列（1978年度～2022年度）」2023年6月30日
- 格付投資情報センター「ハイブリッド証券の資本性の評価と格付の視点」2021年6月11日
- 日本格付研究所「ハイブリッド証券の資本性評価」2022年12月1日
- S&Pグローバル・レーティング・ジャパン「一般格付け基準：ハイブリッド証券：手法と想定」2022年4月7日
- ムーディーズ・ジャパン「ハイブリッド証券のエクイティクレジット」2024年2月2日
- "Letters: Expectations on capital calls" Australian Prudential Regulation Authority, 01 November 2022
- 「ディール・オブ・ザ・イヤー　部門別ベスト、個人向け社債」日経ヴェリタス、2014年12月28日
- 企業財務協議会「バーゼルⅢ最終合意の国内実施規則案に対する意見書」2020年12月
- 大類雄司「足元の米国クレジット市場の変化に思うこと」証券アナリストジャーナル、2019年7月号
- 財務省主計局「令和4年度国の財務書類のポイント」2024年3月
- 後藤芳光「ゼロ金利資産に第三の道『老後貧困』回避を」NIKKEI Financial、2020年12月11日
- ソフトバンクグループ「2024年3月期決算投資家向け説明会資料（財務編）」2024年5月13日
- 徳島勝幸著『現代社債投資の実務―社債市場の現在を考える』財経詳報社、2000年12月
- 「小粒になった日本企業、『寿命』突出の89年、成長鈍く」日本経済新聞、2018年11月18日
- "Corporate Bond Markets—Drivers of Liquidity During COVID-19 Induced Market Stresses" IOSCO, 06 April 2022
- "Corporate Bond Markets—Drivers of Liquidity During COVID-19 Induced Market Stresses Feedback Statement to the Discussion Paper of April 2022" IOSCO, 16 November 2022
- 日本証券業協会「社債レポ市場の整備に向けた課題対応工程（マイルストーン）」2023年4月24日改訂
- 日本取引所グループ「TOKYO PRO-BOND Marketとは」2018年9月18日

索　引

A～Z

ALM（資産・負債管理）　20, 234
AT1債（その他Tier1債）　43～44, 129,
　131～139, 141～142, 144, 148, 162～164, 170
Back to Basics　36, 180
CB（転換社債型新株予約権付社債）　128,
　154～155
CLO　181
CoC条項：Change of Control　64～65
ECB（欧州中央銀行）　124～125
ESG　102
ESG化　103～105, 117, 121, 174～175, 194,
　225
ESG債　103, 108～109, 117～119, 123～126,
　174, 194, 206～207
FA債　17～18, 20, 23, 28, 56, 71～72, 74～77,
　79～82, 181, 221
FRB（米国連邦準備制度理事会）　47～48,
　124
G-SIBs　138～142, 145, 149
GX経済移行債　109, 119～120
HY債市場　10, 61～62, 103, 180～181, 189,
　192, 226, 229
IAIGs（国際的に活動する保険グループ）
　149～150
IOSCO　58～59, 229, 231
LBO/MBO/EBO　64～65, 68, 72
PBR（株価純資産倍率）　39, 42, 44, 103, 129,
　152～154
POT方式　60
ROE（自己資本利益率）　43～44, 88, 129,
　152～155, 173, 191

SDGs　103, 108, 125～126
SIC戦略　188, 192
SPEアプローチ　140
The IG市場　10, 14, 16, 51, 82
Tier2債　129, 131, 133, 136～137, 141, 144～
　145, 148, 162～163, 170, 174, 219～220
TLAC適格債，TLAC債　138～139, 141,
　143～144
USEN-NEXT HOLDINGS　180, 182, 190～
　191

ア行

アイフル　26～27, 82, 96, 180～182, 186～
　189
一般更生債権　23～24, 35～36
一般担保　34～36
一般担保権　34～35
一般担保付社債　33～36
依頼格付け　98～100
エクスチェンジ・オファー　28
オーバー・パー　64, 67～68

カ行

カーボンプライシング　121
会計上の資本　170～171, 173
会社更生法　20, 23～24, 26～27, 35～36, 133,
　136, 228
外部TLAC　140～141
外部格付　54, 186
格付け資本　43, 109, 147～148, 156, 163, 165,
　170～171, 173
格付け手法　96, 144, 186
格付け符号のキャリブレーション　90, 92,

185
勝手格付け　98〜100
株価上昇サイクル　39, 42〜44, 152
株式市場　10〜11, 88, 153, 212, 230
株式の衣を纏った債券　148
株式非公開化　64
間接金融　12, 27〜28, 50, 52, 109, 113, 123, 214, 228〜229
元本毀損リスク　133〜134, 136〜137, 145
企業金融　11〜12, 47, 52〜53, 102, 104〜105, 113, 153, 212, 214, 218, 226, 228〜229
企業再生支援機構　23〜24
基金債　170
期限の利益　18, 21, 28, 68, 70, 73, 82, 215
気候変動対応オペ　119, 121〜125
基準レベル　89〜91, 184〜185
規制資本　103, 138, 140〜142, 147, 162〜164, 170〜171, 219〜220
期待LGD　17, 184
期待損失率　51, 142
金融緩和　11, 29〜31, 36〜37, 45, 103, 180〜181, 234
金融資本市場　10
金融リテラシー　213, 215
金利のある世界　29, 37, 226
国の財務書類　197, 200
クライメート・トランジション・ボンド：CT国債　109, 111, 113, 119, 121
繰り上げ償還　64, 67〜68
グリーニアム　117〜119, 123
グリーン・トラッキング・ハブ　208
グリーン・トランスフォーメーション（GX）　103, 108
グリーン・ハイブリッド証券　105, 174
グリーンウォッシュ　113
グリーンボンド　108〜110, 117〜119, 125〜126, 194, 206〜208
クレジットカーブ　39
クレジットストーリー　26, 95, 186, 227
クレジットスプレッド　37〜39, 44〜46, 96

クレジット分析　26, 197, 199〜200
クレディ・スイス（CS）　131, 134, 136, 138〜140
グローバル金融危機　14, 19, 29〜30, 45, 50, 55, 61, 63, 70, 91, 185, 224〜225, 234
コアCET1比率　43
口座管理機関　22
公募社債市場　33, 55, 82, 182〜183, 188〜189, 235
ゴーイング・コンサーン（企業継続時）　131, 136
コールの蓋然性　132, 136, 147, 159〜164, 168〜169
ゴーン・コンサーン（実質破綻時）　133, 136, 145
国債　11, 29, 31, 37〜39, 46, 109, 119, 121, 198〜199, 215
国際資本基準（ICS）　149〜151
国債のQT　39
50年社債　31
個人（家計）金融資産　14, 104, 212, 215
個人金融資産　14, 104, 212
個人向け社債　13, 79〜81, 212〜213, 216〜217, 228
コベナンツ（財務制限条項）　17, 51〜56, 63〜66, 68〜71, 78, 82, 166, 171, 180〜181, 183, 190〜191, 196
コベナンツ開示制度　69

サ行

債券市場　10〜11, 111
債権者集会　22, 28〜29, 57, 64, 67〜68, 71, 74, 80〜81
債権者説明会　21
債券の衣を纏った株式　131
債権の届出　22, 71, 73
債権放棄　26, 142
財務維持コベナンツ　63〜64, 82, 180, 183
債務再編　26〜28, 58
財務代理人　17

索引

債務超過　25～26, 133, 136, 142～143, 146, 197～198
債務リストラ　23
財務レバレッジ　43, 66, 152～153, 191
サステナビリティ・リンク・ボンド　109～110, 118
サステナビリティボンド　108～110, 194
サステナブルファイナンス　103, 108～109, 118～119, 121, 123～124, 194
三種の神器　147
事業再生 ADR　20, 23, 27～28
自己資本比率規制　84, 95, 129, 131～132, 134, 136, 163, 170～171, 176, 194, 219～220
市場制度ワーキング・グループ　61～62, 196
実質破綻認定　142～144
私的整理　20, 23, 26～28
シニア無担保債務　16, 51, 216
資本市場　11, 61
社債運用規定　92
社債買入れ　44～48, 124
社債型種類株　128, 170～174
社債型優先株　170～171
社債間同順位　17, 81
社債管理者　17, 20, 23～24, 28, 53, 56, 71～72, 76, 79～81
社債管理補助者　53, 57, 63～64, 71～78, 82, 180～181, 183
社債旧時代　225～226
社債権者集会　28～29, 57, 64, 67～68, 71～74, 80～81
社債権者補佐人　57
社債市場の活性化　50～51, 55, 59, 61, 73, 103～104, 128, 154, 196, 212, 224～225, 235
社債市場の活性化に関する懇談会（日証協社債懇）　50, 55, 57, 61～63, 70～71, 81
社債情報伝達サービス　58
社債新時代　225～226
社債の「アナ雪」化提案　165
社債の QT　48
社債の価格情報インフラ　55, 58

社債のスプレッド　29～30, 40
社債の取引情報　58～59
社債の発行環境　30, 45
社債発行スプレッド　45～46, 48
社債要項　57～58, 73, 79
社債レポ　231～233
ジャパンインベストメントアドバイザー（JIA），——債　64, 74, 77, 82, 180, 183
10 年社債さようなら、5 年社債こんにちは　39
主幹事方式　60
純資産維持条項　82, 171
準ソブリン債　29, 33
条件変更　26～29, 33, 80
証券保管振替機構（ほふり）　22, 57～58, 203
シングル A 格以上市場　10, 14, 51, 82, 221
シングル A 格以上信仰　184～186
新興系不動産会社　19～20, 182, 199
真の社債時代　225～226
信用改善サイクル　14, 39, 42～43, 152
信用拡大化　102～105, 180～182, 194, 225
信用の目利き　94
信用ファンダメンタルズ　14, 30
信用力評価手法　97
スタートアップ企業　189, 193, 196～197
スタンドアローン評価　23, 135
ステップアップ金利，——幅　132～133, 136, 159～163, 168～170
静的レバレッジ　87～89
セキュリティトークン社債（ST 社債）　104, 202～203, 205～209
ソーシアム　117
ソーシャル・ハイブリッド証券　105, 174
ソーシャルボンド　108～110, 117, 125～126, 194, 206
ソフトバンクグループ（ソフトバンク G）　33, 87, 98, 154, 166～167, 186, 212, 216～219, 221, 227
ソルベンシー規制（ESR 規制）　129, 149～151

243

ソルベンシーマージン規制　129, 170

タ行

大和証券グループ，大和証券グループ本社
　52, 202～206
タクソノミー　108
担付切換条項　79～81
担保提供制限条項（ネガティブ・プレッジ，ネガプレ）　17, 28, 80～81, 225
長短金利操作（YCC）　29, 37～38, 44
超長期社債　30～31, 36～37, 84, 103, 224
直接金融　12, 27～28, 52, 109, 113, 214, 229
貯蓄から投資へ　153, 212, 214, 226
デジタル化　102, 104～105, 202～203, 209, 225
デジタル環境債　207～208
デット・エクイティ・スワップ（DES）　26, 52
デット市場（負債市場）　11
デフォルト　16～24, 26～27, 29, 33, 57, 65, 68, 71～72, 74, 76, 82, 133, 148, 152, 166, 182, 197, 224
デフォルト時損失率（LGD）　17, 19, 51, 128, 148, 157～158, 182, 184
デフォルト率（PD値）　32, 35, 51～52, 85～86, 89, 90～91, 94, 128, 148, 157～158, 180, 182～185
電力債　29, 33, 34, 96
東京電力（東京電力ホールディングス）　29, 33, 52, 87, 89, 186
東京プロボンド市場　235～236
投資基準　54, 93
東芝　25～26, 33, 52, 54, 79～81, 95, 186, 227～229
動的レバレッジ　87～88
登録信用格付業者　86
特定投資家　75, 236
トップ・オブ・ピラミッド　50, 104, 192
トランジション・ファイナンス　103, 110～116, 119, 121

トランジションボンド　103, 108～115, 117, 119

ナ行

日本製鉄　43, 90, 128
日本航空　18, 20, 23, 33, 88, 112～114, 166, 228
日本国債　10, 45, 197
日本証券業協会（日証協）　50, 55, 57～63, 65, 72, 81, 125～126, 166, 224～225, 231, 233
日本振興銀行　145～147
日本版TRACE　58
ノン・コールリスク　133～134, 136, 158～161

ハ行

バイ・アンド・ホールド　10
売買参考統計値　58, 236
ハイブリッド証券　44, 103, 105, 109, 128, 147～148, 152～162, 164～165, 168～174, 176, 178, 192, 213～214, 217～219, 224
破綻会社　25
発行登録制度　55～56
発行プラットフォーム　203, 206～208
パリパス（同順位）　16, 19, 28, 51, 53～54, 76
引受審査　55～56, 65
非公開化　64～68, 72
非伝統的金融政策　29, 37, 44
ファイナンスド・エミッション　113～117, 119
ファット・テイル　16～17, 19
フォーリン・エンジェル　182, 189
普通株等Tier1（CET1）　43, 132, 134, 140, 142
プット・オプション　64
ブロックチェーン　104, 202～204, 206
ペイオフ　145～147
平均累積デフォルト率　85～86, 89, 91, 158, 180～181, 183, 185
ベイルアウト　138, 143～144

ベイルイン，ベイルイン債券，ベイルイン条項　138〜139, 142〜144, 146
法的整理　20, 22〜23, 26〜28, 35
法的破綻　17, 35, 142, 148
保全措置　18, 28, 52〜54, 79〜80, 228

マ行

マイナス金利政策　11, 29, 37, 84, 186, 188, 215
民事再生法　19〜22, 26〜27, 68, 133, 136, 146
無格付け　74, 82, 180, 183, 195
無リスク資産　37
メインバンク　27, 54, 81
メイン寄せ　54
メザニン・ファイナンス　128〜129
メザニン社債　103, 128〜131, 147, 152, 226

ヤ行

有価証券報告書　56, 69〜70, 193, 196, 214, 236
ユーロMTN　235〜236

ユニゾホールディングス　19, 64〜65, 68
預金取扱機関　38〜39, 75, 143, 214
予防的公的資金注入　137, 143
四位一体　61〜62, 225

ラ行

利益維持条項　82
リキャップ　154〜155
リコース負債　117〜118, 126
リスクウェイト　84, 91, 95, 148, 176〜178, 194〜195, 220
リスク加重資産　43
リテール化　102, 104〜105, 137, 193, 225
リテール社債市場　10, 104, 212, 219, 221
リテンション方式　60
利払い停止リスク　133〜134, 137
両足（JCR/R&I）シングルA格　14, 33
量的・質的金融緩和　29〜30, 45
臨時報告書　69〜71
令和に育む神器　153, 155
レピュテーション・リスク　133, 163
レポーティング・コベナンツ　63, 65

【著者紹介】
大橋俊安（おおはし　としやす）
大和総研　理事
1990年早稲田大学大学院理工学研究科修了（工学修士）、1996年ピッツバーグ大学大学院修了（公共・国際問題学修士）。信越化学工業、大和総研を経て、2001年より大和証券にてクレジットアナリスト業務に従事。長くチーフクレジットアナリストとして活躍。日経ヴェリタスアナリストランキングでは、クレジットアナリスト部門で2010年以降5位以内をキープ、2020年から5年間は連続2位。2011年より金融市場調査部長、2020年より同理事。2024年4月より大和総研に転籍し現職。日本証券アナリスト協会認定アナリスト、日本ファイナンス学会会員。

社債市場の未来
企業金融と資産運用の多様化に向けて

2024年10月8日発行

著　者────大橋俊安
発行者────田北浩章
発行所────東洋経済新報社
　　　　　〒103-8345　東京都中央区日本橋本石町1-2-1
　　　　　電話＝東洋経済コールセンター　03(6386)1040
　　　　　　　　https://toyokeizai.net/

装　丁………橋爪朋世
ＤＴＰ………キャップス
印　刷………TOPPANクロレ
編集担当……髙橋由里

©2024 Ohashi Toshiyasu　　　Printed in Japan　　ISBN 978-4-492-73374-5

本書のコピー、スキャン、デジタル化等の無断複製は、著作権法上での例外である私的利用を除き禁じられています。本書を代行業者等の第三者に依頼してコピー、スキャンやデジタル化することは、たとえ個人や家庭内での利用であっても一切認められておりません。

落丁・乱丁本はお取替えいたします。